AF238974

Heiko Herold

Deutsche Kolonial- und Wirtschaftspolitik in China 1840 bis 1914

Unter besonderer Berücksichtigung der Marinekolonie Kiautschou

Ozeanverlag Herold • Köln • 2006

Bibliografische Information Der Deutschen Bibliothek

Die Deutsche Bibliothek verzeichnet diese Publikation in der
Deutschen Nationalbibliografie; detaillierte bibliografische
Daten sind im Internet über <http://dnb.ddb.de> abrufbar.

Bildnachweis

Bei der Abbildung auf dem Schutzumschlag handelt es sich
um ein eigenhändiges Bild Kaiser Wilhelms II. mit dem Titel
„Besitzergreifung" aus der Publikation von *Georg Franzius:
Kiautschou. Deutschlands Erwerbung in Ostasien, Berlin o.J.
[1898]*. Abgedruckt mit freundlicher Genehmigung S.K.H.
Georg Friedrich Prinz von Preussen.

 **Eine Publikation des Asienhauses**
www.asienhaus.de

© 2006 Ozeanverlag Herold, Köln
Frangenheimstraße 15, D-50931 Köln
Telefon: 0049-(0)221-4470674
E-Mail: info@ozeanverlag-herold.de
Internet: www.ozeanverlag-herold.de

Alle Rechte vorbehalten
2., verbesserte und erweiterte Auflage
ISBN-13: 978-3-939424-00-0
ISBN-10: 3-939424-00-5
Umschlaggestaltung: Rani Mansuri, Köln
Herstellung: Books on Demand GmbH
Printed in Germany

Inhaltsverzeichnis

ANHANG

1. Vorwort von Professor Dr. Erhard Louven

Die Volksrepublik China bewegt sich mit schnellen Schritten auf ihr Ziel zu, eine der führenden Wirtschaftsmächte der Welt zu werden. Dieser Prozess, so sehen es zumindest die Handels- bzw. Wirtschaftspartner des Landes, läuft nicht immer und in allen Bereichen störungsfrei ab. Das hängt zum einen mit der schieren Größe Chinas zusammen – konkret die große Zahl der zur Verfügung stehenden Arbeitskräfte, aber zum anderen auch mit den jeweiligen chinesischen wirtschaftspolitischen Maßnahmen bzw. den Usancen des Austauschs – zu nennen wären hier nur das Problem des geistigen Eigentums, konkret: die „Übernahme" von Technologie, sowie bestimmte aggressive Strategien des Markteintritts.

China hat – im Vergleich zu Europa, aber ganz besonders zu den USA – ein langes historisches Gedächtnis. Chinesische Politiker oder die sie beratenden Wissenschaftler greifen bei jedem sich auftuenden Problem im internationalen Verkehr auf die Erfahrungen und Lehren aus der Vergangenheit zurück. Viele westliche Diplomaten oder Wirtschaftsvertreter können davon ein Lied singen – letztere insofern, als sie sich angesichts historischer Anspielungen der Chinesen meist überfordert sehen.

Es ist daher von nicht zu unterschätzendem Nutzen, sich über die frühen – wirtschaftlichen – Kontakte zwischen China und Deutschland hinreichende Klarheit zu verschaffen. Wenngleich deutsche Kaufleute und Missionare seit dem 17. Jahrhundert Kontakte zu China knüpften, so kam es erst relativ spät – in der zweiten Hälfte des 19. Jahrhunderts – zu ausgedehnteren und dann auch formellen

Beziehungen. Die Missionare haben nicht unwesentlich das deutsche Chinabild ausgemalt. Bei ihnen liest man immer wieder von der chinesischen Stagnation, von Armut, Unaufgeklärtheit und allgemeiner Rückständigkeit. Nicht selten trifft man in den Berichten der Missionare, aber auch von Reisenden auf Formulierungen kultureller Überlegenheit – gelegentlich auch Überheblichkeit.

Die große Preußische Ostasienexpedition (1860-1862), geleitet von Fritz Graf zu Eulenburg, bahnte diplomatische Beziehungen zwischen China und Deutschland den Weg. 1861 schloss Preußen stellvertretend für mehrere andere deutsche Länder einen Freundschafts-, Handels- und Schifffahrtsvertrag mit dem chinesischen Kaiserreich ab. Zunächst betrieb Deutschland keine aktive imperialistische Politik, wie das die Briten mit Erfolg taten, sondern beschränkte sich auf die Entsendung von Beratern bzw. Spezialisten, auf die sich vor allem die aufgeklärten chinesischen Politiker Li Hung-chang und Chang Chih-tung im Rahmen der chinesischen „Selbststärkungsbewegung" stützten. Abgesichert durch den genannten Freundschaftsvertrag von 1861 kamen danach vermehrt deutsche Kaufleute und Unternehmen nach China, deren wichtigste Geschäfte zunächst im Bereich der Rüstungs- und Bergbauindustrie getätigt wurden.

Reichskanzler Bismarck verfolgte eine vorwiegend europazentrierte Außenpolitik, in deren Rahmen ein massives koloniales Ausgreifen keinen Platz hatte. Das änderte sich jedoch nach Bismarcks Rücktritt 1890, als das Deutsche Reich zum Interventionismus in der Außenpolitik überging und – wie die anderen westlichen Großmächte schon vorher – nach Kolonien strebte. 1896 fiel die Entscheidung, in der Kiautschou-Bucht (Provinz Shantung) zunächst eine Kohlen- und Flottenstation zu errichten, die zur Kolonie ausgebaut werden sollte. China wurde (am 6. März 1898) gezwungen, einen Vertrag zu unterzeichnen, in dem das „Schutzgebiet" Kiautschou für 99 Jahre an das Deutsche Reich verpachtet sowie Rechte für den Bau von Eisenbahnen und Bergwerken zugestanden wurden.

Heiko Herold ist es gelungen, die Geschichte dieser „Landnahme" in Kiautschou detailliert und präzise nach-zuzeichnen und sie in den Rahmen der deutschen Kolonial- und Wirtschaftspolitik in China in der Periode 1840-1914 einzuordnen. Die Aufgabe war nicht einfach, denn seit etwa den 80er Jahren des vergangenen Jahrhunderts hat sich das Interesse vieler Historiker verstärkt dieser Thematik zugewandt. Die in diesem Zusammenhang entstandene Literatur musste analysiert, gewertet und in seine Darstel-lung eingearbeitet werden. Heiko Herold hat sich aber nicht mit der neueren Literatur zufrieden gegeben, sondern hat sich auch auf die Spur der Zeugnisse von Autoren und Berichten in Publikationsorganen aus der genannten Periode begeben. Dieser – gewiss nicht einfach zu vollziehende und aufwendige – Rückgriff auf die „Kolonialliteratur" hat die Darstellung zum einen durch authentische Stimmen der damals Handelnden bzw. von Zeitzeugen bereichert, zum anderen wertvolle Detailinformationen ans Licht gebracht.

Im Sinne des anfangs thematisierten historischen Ge-dächtnisses bzw. dessen Fehlens ist dem vorliegenden konzis gearbeiteten Buch eine weite Verbreitung zu wün-schen. Neben den historisch und politisch Interessierten sollten vor allem auch die im deutsch-chinesischen Wirt-schaftsaustausch tätigen Manager sowie deren Repräsen-tanten auf Verbandsebene bzw. im politisch-relevanten Bereich zu diesem erhellenden Buch greifen.

Kevelaer, im April 2006   Professor Dr. Erhard Louven

2. Vorwort zur zweiten Auflage

Die vorliegende Arbeit ist im Wintersemester 2002/03 als Hauptseminarsarbeit zur Lehrveranstaltung „Die VR China auf dem Weg zum Industrieland" von Professor Dr. Erhard Louven für den Fachbereich Wirtschaftsgeschichte am Ostasien-Institut der Heinrich-Heine-Universität zu Düsseldorf entstanden und unter dem Titel „Die wirtschaftliche Bedeutung des deutschen Chinahandels unter besonderer Berücksichtigung Kiautschous (Jiaozhou) 1840-1914" angenommen worden.

Für die erste Veröffentlichung im Jahre 2004 wurde die Arbeit erneut durchgesehen, teilweise überarbeitet und durch ein Personen- und Firmenregister sowie einige bibliographische Angaben erweitert. Für die hier vorliegende zweite Auflage wurden die Literaturhinweise aktualisiert und inhaltliche Ergänzungen und Verbesserungen vorgenommen. Wertvolle Anregungen für die Überarbeitung des Buches gewann ich bei der Auswertung zahlreicher Aktenbestände in Bremer, Hamburger und Lübecker Archiven für meine Magisterarbeit über Bremens Handel mit Shanghai von 1842 bis 1867[1] und durch die Auswertung weiterer einschlägiger „Kolonialliteratur" vor allem aus den umfangreichen Beständen der Staatsbibliothek zu Berlin, der Universitäts- und Landesbibliotheken Bonn und Düsseldorf sowie der Universitäts- und Stadtbibliothek Köln.

Im Anhang wurden der „Freundschafts-, Handels und Schifffahrtsvertrag" zwischen China und den deutschen

---

[1] Eine annähernd vollständige Übersicht der von mir ausgewerteten Aktenbestände enthalten meine Beiträge für das Bremische Jahrbuch in 2004 und 2005, die im Literaturverzeichnis aufgeführt sind. Auf diese Beiträge wird an entsprechender Stelle im Text verwiesen.

Staaten von 1861 und der „Kiautschou-Vertrag" von 1898 beigefügt, die beide wichtige Zäsuren in den deutsch-chinesischen Beziehungen markieren.

Diese Publikation ist eine fundierte Überblicksdarstellung über die Thematik und richtet sich vornehmlich an Studierende der Geschichtswissenschaft und der Sinologie sowie generell an kolonialhistorisch interessierte Leser.

Mein Dank gilt Professor Dr. Erhard Louven, der die Arbeit seinerzeit betreute, nun erneut durchsah, und der mich nachhaltig für die Geschichte, vor allem für die Kolonialgeschichte Asiens begeistert hat, und Dr. Ulrich Nocken, ohne dessen Kulanz und administrative Unterstützung ich wohl kaum meinen Studienschwerpunkt im Magisternebenfach Wirtschaftsgeschichte auf Asien hätte legen können. Darüber hinaus bedanke ich mich bei Professor Dr. Horst Wessel, Professor Dr. Thomas Heberer, Mika Hahn und Martin Krumbe für ihre anregende Kritik. Martin Bremm und Rani Mansuri danke ich für ihre Unterstützung beim Layout.

Köln, im Juni 2006   Heiko Herold

3. Einleitung

Die Volksrepublik China ist ein wichtiger Handels-
partner sowohl der Bundesrepublik Deutschland als auch
der Europäischen Union und auf dem Weg, eine führende
Weltmacht zu werden. Die deutsch-chinesischen Handelsbeziehungen haben in den letzten Jahren stark an Bedeutung gewonnen.[2] Schon im 19. Jahrhundert war China für
Deutschland ein interessanter und lockender Wirtschaftsraum. In der Phase des Hochimperialismus bezog das
Deutsche Reich klar Stellung in der Ostasiatischen Frage:
Um gegenüber den anderen Großmächten nicht ins Hintertreffen zu geraten, beteiligte es sich aktiv am „moderne[n]
Kreuzzug Europas"[3] gegen das chinesische Kaiserreich,
das heißt an der ökonomischen, politischen und kulturellen
Gestaltung der unmittelbaren und längerfristigen Zukunft
Chinas, des „kranken Mannes" in Ostasien[4].

---

[2] Siehe dazu u.a.: Doris Fischer: China in der Weltwirtschaft, in: Informationen
zur politischen Bildung, Heft 289: Volksrepublik China, Bonn 2006, S. 15-21;
Vladislav Savin: Multipolare Weltordnung und Chinas Vorstellungen. Koopera-
tionsabsichten der chinesischen Welt (insbesondere Chinas) in Bezug auf das
Vereinte Europa (insbesondere Deutschland) und Nordeurasien (insbesondere
Russland) mit besonderer Berücksichtigung der sozialwirtschaftlichen funktio-
nalen Subsysteme, München 2004, S. 35-43; Song Xueming: Der chinesische
Wirtschaftsraum als Faktor in der Weltwirtschaft, in: Länderbericht China. Poli-
tik, Wirtschaft und Gesellschaft im chinesischen Kulturraum, hrsg. v. Carsten
Herrmann-Pillath u. Michael Lackner, Bonn 2000, S. 302-324.

[3] Ku Hung-Ming: Chinas Verteidigung gegen europäische Ideen. Kritische Aufsätze, Jena 1911, S. 15.

[4] Zur Ostasiatischen Frage allgemein siehe: Ebd., S. 1-17; Max von Brandt:
Die Zukunft Ostasiens. Ein Beitrag zur Geschichte und zum Verständnis der
ostasiatischen Frage, 3., umgearbeitete und vermehrte Auflage, Stuttgart 1903;
Pierre Leroy-Beaulieu: Die chinesische Frage, Leipzig 1900, S. 1-7.

Im Rahmen dieser Arbeit wird die deutsche Wirtschaftspolitik in China seit dem Ersten Opiumkrieg, also der gewaltsamen Öffnung Chinas, bis zum Beginn des Ersten Weltkrieges nachvollzogen, unter besonderer Berücksichtigung des Schutzgebietes Kiautschou[5]. Ein besonderes Augenmerk wird auch auf die Entwicklung des deutschen kolonialen Interesses in China gelegt. Sie ist integral zum Verständnis der deutschen Ostasienpolitik im 19. Jahrhundert, die sich seit der Preußischen Ostasienexpedition in den 1860er Jahren mit dem Gedanken an die Errichtung eines Marinestützpunktes[6] an der chinesischen Küste trug. Dieser Gedanke wurde, je nach politischer Lage, mal mehr, mal weniger konsequent verfolgt und mündete schließlich in die Besetzung Kiautschous 1897. Die Darstellung der Entwicklungslinien folgt dem Zeitverlauf.

Die Literatur zu diesem Themenkomplex ist sehr umfangreich. Zum 100. Jahrestag der Besetzung Kiautschous durch das Deutsche Reich 1997 und in den darauf folgenden Jahren sind zahlreiche Publikation zur Geschichte des Schutzgebietes und den deutsch-chinesischen Beziehungen in jener Zeit erschienen, die oftmals auch eine fundierte Darstellung der Vorgeschichte besonders ab 1840 enthalten. Hervorzuheben sind der von Hans-Martin Hinz und Christoph Lind herausgegebene Sammelband „Tsingtau. Ein Kapitel deutscher Kolonialgeschichte in China 1897-1914" (1998), die ausführlich kommentierte, von Mecht-

---

[5] Mit Kiautschou ist fortan stets, sofern nicht anders gekennzeichnet, das deutsche Schutzgebiet und nicht die chinesische Stadt Kiautschou gemeint.

[6] Zu dieser Form der Kolonisation, der Stützpunktkolonie, allgemein siehe: Jürgen Osterhammel: Kolonialismus. Geschichte – Formen – Folgen, 3., durchgesehene Auflage, München 2001, S. 15ff.; siehe auch: Otto Köbner: Einführung in die Kolonialpolitik, Jena 1908, S. 20ff.

hild Leutner herausgegebene Quellensammlung „»Musterkolonie Kiautschou«: Die Expansion des Deutschen Reiches
in China" (1997) und die umfassenden Untersuchungen
von Annette Biener über „Das Pachtgebiet Tsingtau in
Schantung, 1897-1914" (2001) und von Klaus Mühlhahn
über „Herrschaft und Widerstand in der »Musterkolonie«
Kiautschou" (2000). Weitere, sehr gute Darstellungen sind
„Die Chinapolitik des Deutschen Reiches 1871 bis 1945"
(1987) von Udo Ratenhof und „Imperialism and Chinese
Nationalism" (1971) von John E. Schrecker. Das Buch
„Deutschland und China im 19. Jahrhundert" (1958) von
Helmuth Stoecker ist noch immer ein Standardwerk für
die deutsch-chinesischen Beziehungen im 19. Jahrhundert.

Die Transkription chinesischer Ausdrücke, Ortsbezeich-
nungen und Personennamen entspricht der in den zeitgenössischen Quellen und der zeitgenössischen Literatur
weit verbreiteten Umschrift nach dem Wade-Giles-System.
Ausgenommen sind einige Ortsnamen wie Kanton, Peking
oder Tsingtau, für die es eine bis heute gültige und oft
verwendete deutsche Schreibweise gibt. Innerhalb der Zitate wurde die ursprüngliche Schreibweise beibehalten. Eine
Transkriptionstabelle im Anhang gibt einen Überblick
über die Umschrift der wichtigsten chinesischen Orts- und
Personennamen nach dem heute in der Volksrepublik
China üblichen Pinyin-System.

4. Entwicklungslinien deutschen kolonialen Interesses und wirtschaftlicher Ambitionen in China vom Ersten Opiumkrieg bis zur Besetzung Kiautschous

4.1 Das Aufblühen des deutschen Chinahandels nach dem Vertragsschluss von Nanking

Nach der gewaltsamen Öffnung Chinas infolge des Ersten Opiumkrieges (1839-1842) durch den von Großbritannien oktroyierten Vertrag von Nanking (1842), der unter anderem die chinesischen Handelsmonopole abschaffte, die Abtretung Hongkongs an Großbritannien und die Öffnung von fünf Häfen für den Außenhandel sowie die Einrichtung eines geregelten Zollsystems erzwang, richtete sich auch der Blick deutscher Kaufleute zunehmend auf China. Ein neuer, gewaltiger Absatzmarkt[7] schien sich aufzutun. Schon bald erhoben deshalb deutsche Kaufleute Forderungen, vor allem an die Regierungen der Hansestädte und Preußens, dass der deutsche Anteil am allgemeinen Handel mit China durch diplomatische und politische Unterstützung gesichert werden müsse. Die deutschen Regierungen aber fürchteten dadurch in Konflikt mit den Interessen Großbritanniens in Ostasien zu geraten, denen sie in Ermangelung einer dafür notwendigen schlagkräftigen Flotte nichts entgegen zu setzen hatten.

---

[7] Mitte des 19. Jahrhunderts betrug die Bevölkerung des chinesischen Kaiserreiches ungefähr 410 Millionen Menschen. Vgl. Helwig Schmidt-Glintzer: Das neue China. Von den Opiumkriegen bis heute, 3., aktualisierte Auflage, München 2004, S. 11.

Deshalb blieb es zunächst bei wagemutigen Privatinitiativen.[8]

Ab 1845 wurden verschiedene deutsche Handelshäuser in Kanton gegründet, die ihren Hauptsitz oft erst viele Jahre später nach Deutschland verlegten, meistens nach Hamburg. Zu den Pionieren gehörten Wilhelm Carl Engelbrecht Pustau, Georg Theodor Siemssen[9] und Richard von Carlowitz. Bereits unmittelbar nach dem Vertragsschluss von Nanking forderten verschiedene deutsche Kaufleute und Handelskammern ihre Regierungen auf, den deutschen Anteil am Chinahandel zu sichern, am Besten durch den Abschluss eines Handelsvertrages. Diese Forderungen erreichten zumindest, dass sich einige deutsche Staaten über die Handelsverhältnisse in China erkundigten, allen voran Hamburg und Preußen. Während die Hamburger Commerz-Deputation den in Macao ansässigen Kaufmann Theodor Johns beauftragte (1845), über die Behandlung hambur-

---

[8] Mechthild Leutner (Hrsg.): „Musterkolonie Kiautschou": Die Expansion des Deutschen Reiches in China. Deutsch-chinesische Beziehungen 1897 bis 1914. Eine Quellensammlung, Berlin 1997, S. 54f.; Jürgen Osterhammel: China und der Westen im 19. Jahrhundert, in: Länderbericht China. Politik, Wirtschaft und Gesellschaft im chinesischen Kulturraum, hrsg. v. Carsten Herrmann-Pillath u. Michael Lackner, Bonn 2000, S. 102-117, hier S. 106f.; Udo Ratenhof: Die Chinapolitik des Deutschen Reiches 1871-1945. Wirtschaft – Rüstung – Militär, Boppard am Rhein 1987, S. 25-29; A. Wyatt Tilby: The English People Overseas, 5 Bde., London 1911-1914, Bd. 5: Britain in the Tropics 1527-1910, S. 361-368.

[9] Das 1846 gegründete Handelshaus „Siemssen & Co." ist neben einigen britischen Unternehmen das einzige, welches seit dieser Gründungsphase bis auf den heutigen Tag besteht und noch immer in China tätig ist. Nur wenige Jahre nach seiner Gründung war es bereits zu einem der führenden Handelshäuser in ganz Ostasien aufgestiegen. Vgl. Bernd Eberstein: Kaufleute, Konsuln, Kapitäne: Frühe deutsche Wirtschaftsinteressen in China, in: Tsingtau. Ein Kapitel deutscher Kolonialgeschichte in China 1897-1914, hrsg. v. Hans-Martin Hinz u. Christoph Lind, Berlin 1998, S. 49-60, hier S. 52; eine umfassende Firmengeschichte enthält: Siemssen & Co. 1846-1996, Hamburg 1996.

gischer und anderer deutscher Schiffe zu berichten und einzuschätzen, ob der Abschluss eines Handelsvertrages notwendig sei, entsandte Preußen den Düsseldorfer Kommerzienrat Friedrich Wilhelm Grube nach China (1843/44), der sich in erster Linie mit den „politischen Behörden in Mitteilung zu setzen und die Errichtung von Konsulaten in den dortigen Häfen vorzubereiten" sowie „sich über die dortigen Zoll- und Schiffahrtsverhältnisse zu unterrichten"[10] hatte. Weder Johns noch Grube hielten den Abschluss eines Handelsvertrages zwischen den deutschen Staaten und China für notwendig, weil die im Vertrag von Hoomunchai (1843)[11] garantierte Gleichbehandlung aller Nationen eingehalten würde und der deutsche Anteil am Chinahandel noch viel zu gering sei. Zudem bezweifelte Grube, anders als Johns, dass sich deutsche Produkte hinreichend auf dem chinesischen Markt durchsetzen könnten. Trotz der ernüchternden Schlussfolgerungen der Berichte führte eine neuerliche, eindringliche Petition deutscher Kaufleute aus China schließlich 1847 zur Ernennung Carlowitz' zum preußischen und sächsischen Konsul in Kanton, was der erwünschten eigenen örtlichen deutschen Vertretung zumindest halbwegs entsprach[12]; auch unterstrich Preußen damit seinen Führungsanspruch in Deutschland. In der Folge aber ernannten die Hansestädte und andere

---

[10] Zit. nach: Ratenhof, S. 29.

[11] Zusatzvertrag zum Vertrag von Nanking zwischen Großbritannien und China. Siehe dazu: Adolf Nord: Die Handelsverträge Chinas, Leipzig 1920, S. 26-29.

[12] Zwar hatten einige deutsche Staaten schon vor dem Ersten Opiumkrieg Konsuln in China ernannt, die aber nur eine untergeordnete Rolle spielten, der deutsche Handel mit China war relativ unbedeutend. Als die Verträge von Nanking und Hoomunchai geschlossen wurden, gab es de facto keine wirksame Interessenvertretung eines deutschen Staates in China. Vgl. Eberstein, Kaufleute, S. 53; Ratenhof, S. 27f.

deutsche Staaten ebenfalls eigene Konsuln in Kanton. Für eine Bündelung der gesamtdeutschen Interessen, nicht nur in Bezug auf den Chinahandel, war es noch zu früh.[13]

Für die deutschen Kaufleute war der Handel mit China unter dem Schutz der Großmächte trotz der relativ geringen Wachstumsraten ein recht lohnendes Geschäft, vor allem im Bereich der Küstenschifffahrt[14]. Der Warenfluss lief in erster Linie von China nach Deutschland – über London[15]. Der direkte deutsch-chinesische Schifffahrtsverkehr nahm erst nach Aufhebung der Navigationsakte 1849 merklich zu, weil den deutschen Handelsschiffen nun die britischen

---

[13] Karin Bartsch: Hamburgs Handelsbeziehungen mit China und Britisch-Ostindien (1842-1867), (Diss.) Hamburg 1956, S. 30-40; Bernd Eberstein: Hamburg – China. Geschichte einer Partnerschaft, Hamburg 1988, S. 31-103; Eberstein, Kaufleute, S. 52ff.; Dieter Glade: Bremen und der Ferne Osten, Bremen 1966, S. 27-50; Heiko Herold: Die Anfänge der konsularischen Vertretung Bremens in Shanghai, in: Bremisches Jahrbuch, hrsg. v. Staatsarchiv Bremen, Bd. 83, Bremen 2004, S. 70-86, hier S. 70ff.; Ratenhof, S. 29f.; Helmuth Stoecker: Deutschland und China im 19. Jahrhundert. Das Eindringen des deutschen Kapitalismus, Berlin (Ost) 1958, S. 42ff.

[14] Anfang der 1860er Jahre wurde die Küstenschifffahrt in China, die sogenannte Kabotage, zu etwa drei Viertel von deutschen, hauptsächlich hanseatischen Schiffen dominiert. Am Ende des Jahrzehnts waren sie jedoch von britischen Groß-unternehmen weitestgehend verdrängt worden, die moderne Dampfschiffe anstelle von Segelschiffen einsetzten und fortan über dreißig Jahre ihre führende Rolle behaupteten. Vgl. Heiko Herold: Bremens Handel mit Shanghai von den Anfängen bis 1867, in: Bremisches Jahrbuch, hrsg. v. Staatsarchiv Bremen, Bd. 84, Bremen 2005, S. 131-177, hier S. 161-165; Erhard Louven: Die frühen Wirtschafts-beziehungen: Von den preußischen Handelskompanien bis zum Zweiten Welt-krieg, in: Deutsch-chinesische Beziehungen. Ein Handbuch, hrsg. v. Rüdiger Machetzki, Hamburg 1982, S. 157-176, hier S. 159f.

[15] Aufgrund mangelnder eigener Kapazitäten waren die deutschen Chinahändler auch nach Aufhebung der Navigationsakte weiterhin oftmals auf die Nutzung der britischen Handelsflotte angewiesen. Zu den wichtigsten Importgütern dieser Zeit zählten Gewürze, Porzellan, Seide und Tee. Exportiert wurden hauptsächlich Bier, Blei, Glas, spanischer Flanell, Waffen, Wolltuche und Zinn. Vgl. Eberstein, Kaufleute, S. 56f.; Louven, S. 159; Ratenhof, S. 30; Stoecker, S. 87-90.

respektive britisch besetzten Häfen in Europa und in Übersee als Zwischenhäfen für die Ladungsaufnahme zur Verfügung standen. Dadurch begann auch der deutsche Indienhandel aufzublühen.[16] Gute Geschäfte machten deutsche Kaufleute zudem in Russisch-Fernost. Nachdem Wladiwostok 1865 zum Freihafen erklärt worden war, nahmen sie dort die führende Stellung im Außenhandel ein[17].

Nach dem Vertragsschluss von Nanking hatte Großbritannien große Erwartungen in seinen Handel mit China gesetzt. Weil diese sich aber bei weitem nicht erfüllten[18], kam es in den 1850er Jahren zum Zweiten Opiumkrieg (1856-1860). Im Vertrag von Tientsin[19] 1858 wurde das durch den Taiping-Aufstand (1851-1864)[20] zusätzlich geschwächte chinesische

---

[16] Herold, Bremens Handel, S. 132-145; Adalbert Korff: Der direkte deutsch-chinesische Schiffahrtsverkehr von seiner Entstehung bis zum Ausbruch des Weltkrieges, (Diss.) Kiel 1922, S. 93-137; Louven, S. 159f.; Hermann Wätjen: Die deutsche Handelsschiffahrt in chinesischen Gewässern um die Mitte des 19. Jahrhunderts, in: Hansische Geschichtsblätter, 67./68. Jg. (1942/43), S. 222-250.

[17] Ratenhof, S. 44. Im Jahre 1864 wurde in Wladiwostok die deutsche Firma „Kunst & Albers" gegründet, die bald darauf zum führenden Handelshaus im Russischen Fernen Osten und in der Mandschurei aufstieg. Zur Geschichte der Firma siehe: Lothar Deeg: Kunst & Albers Wladiwostok. Die Geschichte eines deutschen Handelshauses im russischen Fernen Osten (1864-1924), Essen 1996.

[18] Großbritannien kontrollierte vor dem Beginn des Zweiten Opiumkrieges zwar rund 80% des gesamten chinesischen Außenhandels, trotzdem überstiegen die Importe aus China (fast nur Seide und Tee) die Exporte im Wert um etwa das Zwanzigfache. Vgl. Ratenhof, S. 31.

[19] Hierbei handelte es sich eigentlich um vier separate Verträge zwischen Großbritannien, Frankreich, Russland und den Vereinigten Staaten einerseits und China andererseits. Sie werden in der Literatur fast ausnahmslos unter dem Begriff „Vertrag von Tientsin" subsumiert.

[20] Im Rahmen dieser Arbeit ist eine umfassende Darstellung des Taiping-Aufstandes nicht möglich, deshalb sei hier auf folgendes Standardwerk verwiesen: Franz Henry Michael, Chang Chung-Li: The Taiping Rebellion. History and Documents, 3 Bde., Seattle u.a. 1966-1971; siehe außerdem: Jonathan D. Spence: God's Chinese Son. The Taiping Heavenly Kingdom of Hong Xiuquan, London 1997.

Kaiserreich schließlich gezwungen, der Öffnung des *ganzen* Landes für den Außenhandel zu wesentlich schlechteren Konditionen als zuvor zuzustimmen. In den deutschen Ländern befürchtete man, durch die neuen Regelungen ins Hintertreffen zu geraten, da die vormalige Gleichstellung mit den Vertragsmächten nicht mehr garantiert war[21]. Preußen hatte sich inzwischen durch eine geschickte Politik der Rücksichtnahme auf die Interessen der Großmächte als Vertreter Deutschlands im In- und Ausland profiliert und eine eigene Marine aufgebaut. Angesichts der Gefahr, die Handelsprivilegien in China zu verlieren, entsandte Preußen, nicht zuletzt auf Druck Großbritanniens, auch einen Beitrag zum Schutz der westlichen Bürger im Fernen Osten zu leisten, einen Flottenverband nach Ostasien – stellvertretend für die deutschen Länder (außer Österreich). Preußen wollte dadurch den zwar noch verhältnismäßig bescheidenen, an Bedeutung aber immer mehr zunehmenden deutschen Chinahandel sichern und einmal mehr seinen Führungsanspruch in Deutschland betonen. Diese sogenannte Preußische Ostasienexpedition dauerte von 1860 bis 1862. Sie war die erste gemeinsame Unternehmung aller später im Deutschen Reich versammelten Staaten und markiert damit den Beginn „der planvollen Erschließung des Ostens"[22] durch die deutschen Länder.[23]

---

[21] Nord, S. 37. Die Vertragsmächte waren Großbritannien, Frankreich, Russland und die USA.

[22] Kunibert Pauly: Der deutsche Überseeverkehr mit dem Fernen Osten. Seine grundlegende Entwicklung vor dem Kriege, sein Wiederaufbau nach dem Kriege und seine Ausgestaltung in der neuesten Zeit, unter besonderer Berücksichtigung des Verkehrs mit China und Japan, (Diss.) Köln 1938, S. 6.

[23] John S. Gregory: Great Britain and the Taipings, London 1969, S. 67-85; Herold, Bremens Handel, S. 146-150; Louven, S. 160f.; Ratenhof, S. 31-37.

4.2 Die Preußische Ostasienexpedition und ihre Folgen

Die Leitung der Preußischen Ostasienexpedition oblag dem Grafen Friedrich Albrecht zu Eulenburg, dem späteren preußischen Innenminister (1862-1878). Sein Auftrag lautete, China, Japan und Siam anzulaufen und mit diesen Ländern Handelsverträge zu schließen, außerdem sie wissenschaftlich und kommerziell zu erforschen. Vor allem auf Betreiben der Marineführung, namentlich des Oberkommandierenden der Marine, Prinz Adalbert von Preußen, wurde der Auftrag Eulenburgs noch um die Anweisung erweitert, „einen Punkt zu finden, an welchem sich mit Aussicht auf Erfolg eine preußische Aussiedlung gründen ließe"[24]. Zu dieser Zeit dachte man noch nicht an eine Besetzung der Kiautschou-Bucht, sondern etwa an die Errichtung einer Flottenstation auf Formosa. Am 2. September 1861 erreichte die Expedition stellvertretend für den Deutschen Zollverein den Abschluss eines „Freundschafts-, Handels- und Schifffahrtsvertrages" mit China[25], der den deutschen Chinahandel deutlich belebte[26]. Der Stützpunktgedanke wurde aufgrund der ohnehin schon zähen Verhandlungen verworfen – man verfügte nicht über die Mittel, ihn durchzusetzen. Man „einigte" sich schließlich auf die Errichtung einer preußischen Gesandt-

---

[24] Zit. nach: Leutner, S. 55.

[25] Der Vertragstext ist im Anhang beigefügt.

[26] Innerhalb von gut zwanzig Jahren erhöhte sich beispielsweise die Anzahl deutscher Unternehmen in China von 7 (im Jahre 1855) auf 41 (im Jahre 1877) und sie wuchs in den nachfolgenden Jahrzehnten bis zum Ersten Weltkrieg weiter stark an. Vgl. Leutner, S. 56f.; siehe auch: Huang Fu-teh: Qingdao: Chinesen unter deutscher Herrschaft 1897-1914, Bochum 1999, S. 15.

21

schaft in Peking, die im Jahre 1865 ihre Arbeit unter der Leitung von Guido von Rehfues aufnahm. Auch mit Japan und Siam erreichte die Preußische Ostasienexpedition den Abschluss ähnlicher Verträge. Diese Ergebnisse waren, trotz der Abstriche, ein großer Erfolg aus preußischer Sicht. Das Kalkül war aufgegangen, Preußen hatte sich als Vertreter der Interessen Deutschlands im Fernen Osten profiliert.[27] Die Expedition war gewissermaßen „der vorweggenommene Auftakt der deutschen »Weltpolitik« […], wie sie mit der »Erwerbung« Kiautschous ins allgemeine politische Bewusstsein der Nation trat"[28].

Die Erfolge der Preußischen Ostasienexpedition hatten Signalwirkung auf zahlreiche europäische Staaten, die nun ebenfalls Expeditionen nach Ostasien ausrüsteten, um ihre gefährdeten Privilegien in Handel und Schifffahrt mit den ostasiatischen Ländern vertraglich abzusichern. Bis Ende der 1860er Jahre schlossen sieben weitere europäische Staaten einen Vertrag mit dem chinesischen Kaiserreich: Portugal (1862), Dänemark (1863), Holland (1863), Spanien

---

[27] Herold, Bremens Handel, S. 150-154; Ratenhof, S. 37ff.; Stoecker, S. 51-61; Yü Wen-tang: Die deutsch-chinesischen Beziehungen von 1860-1880, Bochum 1981, S. 44-88; siehe auch die ausführliche zeitgenössische Dokumentation der Preußischen Ostasienexpedition von Albert Berg (Hrsg.): Die preussische Expedition nach Ost-Asien. Nach amtlichen Quellen, 4 Bde., Berlin 1864-1873. Besonders lesenswerte Reiseberichte über die Expedition veröffentlichten: Max von Brandt: Dreiunddreissig Jahre in Ost-Asien. Erinnerungen eines deutschen Diplomaten, 3 Bde., Leipzig 1901, Bd. 1: Die preussische Expedition nach Ost-Asien (der Saarbrückener Verlag Fines Mundi hat in 2006 auf Anregung des Verfassers einen Faksimile-Reprint von Brandts dreibändigem Erinnerungswerk herausgebracht); Gustav Spieß: Die preußische Expedition nach Ostasien während der Jahre 1860-1862. Reise-Skizzen aus Japan, China, Siam und der indischen Inselwelt, Berlin u. Leipzig 1864.

[28] Michael Salewski: Die preußische und die Kaiserliche Marine in den ostasiatischen Gewässern: Das militärische Interesse an Ostasien, in: Tsingtau. Ein Kapitel deutscher Kolonialgeschichte in China 1897-1914, hrsg. v. Hans-Martin Hinz u. Christoph Lind, Berlin 1998, S. 76-83, hier S. 78.

(1864), Belgien (1865), Italien (1866) und Österreich-Ungarn (1869).[29]

Viele Teilnehmer der Preußischen Ostasienexpedition gelangten später im Kaiserreich in politische und militärische Spitzenpositionen. Dieser Umstand wirkte sich, wie noch aufzuzeigen sein wird, entscheidend aus bei der Besetzung der Kiautschou-Bucht 1897. Einer der Expeditionsteilnehmer prägte und entwickelte den kolonialen Gedanken in besonderer Weise: der Geograph und Geologe Ferdinand Freiherr von Richthofen. Er reiste in den Jahren 1868 bis 1872 weiter durch Ostasien, insbesondere China, und publizierte anschließend mehrere einflussreiche Schriften[30]. Vor allem sein fünfbändiges Werk „China. Ergebnisse eigener Reisen und darauf gegründeter Studien" (1877-1912) prägte das Chinabild in Deutschland. Er beschreibt darin unter anderem das wirtschaftliche Potential der Provinz Shantung, hebt die günstige Lage und Beschaffenheit der Kiautschou-Bucht hervor und regt die Öffnung des Gebietes an[31], um die Reichtümer der Region zu erschließen.[32]

Bereits kurz nachdem die Ostasienexpedition nach Deutschland zurückgekehrt war, wurden Stimmen laut, ein deutsches Marinegeschwader in Ostasien zu stationieren.

---

[29] Nord, S. 78f.

[30] Die seinerzeit einflussreichsten Werke des Ferdinand Freiherrn von Richthofen waren: (1) China. Ergebnisse eigener Reisen und darauf gegründeter Studien, 5 Bde., Berlin 1877-1912; (2) Kiautschou. Seine Weltstellung und voraussichtliche Bedeutung, Berlin 1897; (3) Schantung und seine Eingangspforte Kiautschou, Berlin 1898.

[31] Richthofen, China, Bd. 2: Das nördliche China, S. 262-266.

[32] Ebd., S. 173-266; Leutner, S. 57f.; Stoecker, S. 55f.; Lothar Zögner: Ferdinand von Richthofen – Neue Sicht auf ein altes Land, in: Tsingtau. Ein Kapitel deutscher Kolonialgeschichte in China 1897-1914, hrsg. v. Hans-Martin Hinz u. Christoph Lind, Berlin 1998, S. 72-75.

Der Expeditionsteilnehmer und spätere Admiral Reinhold Werner beispielsweise schrieb im Januar 1863:

„An die Residenz eines preußischen Diplomaten muß sich gleichzeitig die Stationierung eines preußischen Geschwaders in den chinesischen Gewässern knüpfen, ja dies ist der chinesischen Regierung gegenüber sogar bedingt. […] Ohne ein solches Geschwader, das überall Respect vor den deutschen Flaggen einflößt, ist der Vertrag eine Illusion, während er andererseits das Mittel sein wird, unserm Handel zu einer ungeahnten Entwickelung zu verhelfen. […] In China wird uns eine Marine verhelfen, die erste Rolle zu spielen.“[33]

Schließlich entsandte der Norddeutsche Bund 1869 zwei Korvetten zum Schutz der deutschen Interessen nach Ostasien, deren Einsatzgebiet von ihrem Stützpunkt in Singapur bis zu den Kurilen reichte. Bereits zwei Jahre zuvor hatte die preußische Regierung ein Gebiet in Japan (bei Yokohama) für Marinezwecke gepachtet, die Errichtung weiterer kleiner Marinedepots folgte nach einem entsprechenden Bundestagsbeschluss. Zwar wurden diese Schritte nach der Reichsgründung 1871 nicht zurückgenommen, aber das militärische Engagement des jungen Deutschen Reiches in Ostasien blieb bis Anfang der 1890er Jahre zurückhaltend. Stattdessen versuchte man, den labilen[34] deutschen Chinahandel durch den schrittweisen Aufbau einer großen Handelsflotte und die Einrichtung eines regelmäßigen Schiffslinienverkehrs nach Ostasien ab den frühen 1870er Jahren zu fördern[35], und tatsächlich gelang es da-

---

[33] Reinhold Werner: Die preußische Expedition nach China, Japan und Siam in den Jahren 1860, 1861 und 1862, 2 Bde., Leipzig 1863, Bd. 2, S. 223-227.

[34] Siehe Louven, S. 161; Stoecker, S. 85-94.

[35] Zu den wichtigsten deutschen Exportgütern dieser Zeit zählten neben Rüstungsgütern Bier, Spirituosen, Woll- und Baumwollwaren, Kurzwaren, Eisen, Stahl, Maschinen, Nähnadeln, Farben, Streichhölzer, Zucker und andere Raffinaden. Aus China importiert wurden in erster Linie Bambusrohr, Bettfedern, Eiprodukte,

durch, den britischen Zwischenhandel nach und nach auszuschalten[36]. Solange Otto von Bismarck Reichskanzler war, setzte er sich gegen eine selbstständige Marine- und Kolonialpolitik in Ostasien durch, um die Einheit des Reiches und seine machtvolle Stellung in Europa abzusichern. In den 1880er Jahren wurden die in den ostasiatischen Gewässern stationierten deutschen Kriegsschiffe zwar zunehmend als außenpolitisches Instrument eingesetzt, aber nur in einem Rahmen, der das Verhältnis zu den anderen Großmächten nicht gefährdete (beispielsweise bei gemeinsamen Strafexpeditionen gegen Seeräuber). Auch und besonders in der Ostasienpolitik folgte Bismarck der Maxime Kooperation statt Konfrontation. Erst nach dem Regierungsantritt Kaiser Wilhelms II. 1888 und Bismarcks Sturz zwei Jahre später kam es zu einem fundamentalen Umschwung nicht nur in der deutschen Ostasien-, sondern in der gesamten deutschen Außenpolitik.[37]

Galläpfel, Gewürze, Häute, Lacke, Perlmutter, Porzellan, Tee und Zimt. Vgl. Eberstein, Kaufleute, S. 56; Louven, S. 162; Ratenhof, S. 106f.; Stoecker, S. 239; Yü, S. 89-98. Ein großes Ärgernis aus Sicht der heimischen Industrie war es allerdings, dass die deutschen Händler in China auch große Anteile an ausländischen Erzeugnissen ins Reich der Mitte lieferten. Vgl. Korff, S. 112-115; Ratenhof, S. 107.

[36] Eberstein, Kaufleute, S. 55f.; Glade, S. 77-90; Korff, S. 154-290; D. Kürchhoff: Die Schiffahrt in und nach Ostasien, in: Zeitschrift für Kolonialpolitik, Kolonialrecht und Kolonialwirtschaft, Jg. 6 (1904), Nr. 6, S. 453-471, hier S. 453ff.; Stoecker, S. 175-183. Begünstigt wurden diese Maßnahmen durch den verkürzten Seeweg durch den Suezkanal (ab 1869), die verbesserten Kommunikationswege (Telegraphenverbindung zwischen Europa und Hongkong ab 1871) und die Ablösung der Segelschiffe durch Dampfschiffe.

[37] Jörg Duppler: Der Juniorpartner. England und die Entwicklung der Deutschen Marine 1848-1890, Herford 1985, S. 246-252 u. 270-282; Huang, Qingdao, S. 17ff.; Ratenhof, S. 89-93; Salewski, Kaiserliche Marine, S. 78f.; Stoecker, S. 65ff. u. 85-94. Zur Geschichte der preußisch-deutschen Stützpunktpolitik in Ostasien und anderen Erdteilen in der zweiten Hälfte des 19. Jahrhunderts allgemein siehe: Wolfgang Petter: Die überseeische Stützpunktpolitik der preußisch-deutschen Kriegsmarine 1859-1883, (Diss.) Freiburg im Breisgau 1975.

4.3 Der „Neue Kurs" in der deutschen Ostasienpolitik

Wenige Monate nach seinem Regierungsantritt im Juni 1888 hatte Kaiser Wilhelm II. versprochen: „zu Großem sind wir noch bestimmt, und herrlichen Tagen führe Ich euch noch entgegen"[38]. Das Mittel dafür sollte der unter seiner und seines Reichskanzlers Georg Leo von Caprivi (1890-1894) Führung eingeleitete „Neue Kurs" in der deutschen Außenpolitik sein[39], der sich in Ostasien zunächst auf direkte Förderungsmöglichkeiten des deutschen China-handels konzentrierte. Es war die verschärfte Fortsetzung jener Wirtschaftspolitik, die Bismarck selbst noch eingeleitet und die im afrikanischen und pazifischen Raum bereits zum Erwerb von Kolonien geführt hatte (ab 1884), um der vor allem durch die Überproduktion in der Schwerindustrie ausgelösten „Großen Depression" Herr zu werden, die seit 1873 das Deutsche Reich stark belastete[40]. Für den

---

[38] Zit. in: Axel Matthes (Hrsg.): Reden Kaiser Wilhelms II., München 1976, S. 51 (Rede vom 24. Februar 1892).

[39] Siehe dazu die umfassende Untersuchung von Rainer Lahme: Deutsche Außenpolitik 1890-1894. Von der Gleichgewichtspolitik Bismarcks zur Allianzstrategie Caprivis, Göttingen 1990.

[40] Ratenhof, S. 103f.; Hans Rosenberg: Große Depression und Bismarckzeit. Wirtschaftsablauf, Gesellschaft und Politik, 2. Auflage, Frankfurt am Main u.a. 1975, S. 258-273. Eine ausführliche Erörterung von Bismarcks Gründen für die Erwerbung von Kolonien in Afrika und im Pazifik ab Mitte der 1880er Jahre, die neben den wirtschaftlichen auch die politischen Aspekte berücksichtigt, ist enthalten in: Horst Gründer: Geschichte der deutschen Kolonien, 5., verbesserte und ergänzte Auflage, Paderborn u.a. 2004, S. 51-62; siehe außerdem: Michael Fröhlich: Imperialismus. Deutsche Kolonial- und Weltpolitik 1880-1914, München 1994, S. 31-41; Hans-Ulrich Wehler: Bismarck und der Imperialismus, 2. Auflage, Frankfurt am Main 1985, S. 412-423; Hans-Ulrich Wehler: Deutsche Gesellschaftsgeschichte, 4 Bde., München 1987-2003, Bd. 3: Von der »Deutschen Doppelrevolution« bis zum Beginn des Ersten Weltkrieges 1849-1914, S. 980-990.

Erwerb territorialen Besitzes in China war es allerdings zu Beginn der 1890er Jahre noch zu früh.

Nach den verheerenden Niederlagen in den beiden Opiumkriegen hatte das chinesische Kaiserreich in vielen Bereichen mit weitreichenden Modernisierungen begonnen. Besonders im Eisenbahnbau und bei der Aufrüstung schien guter Profit gesichert. Die Großmächte, allen voran Großbritannien und zunehmend auch Japan, engagierten sich dementsprechend vor Ort. Von deutscher Seite wurden ebenfalls Anstrengungen unternommen: Dem Aufbau einer Handelsflotte und der Einrichtung regelmäßiger Schiffsverbindungen nach Ostasien ab den 1870er Jahren folgte die Entsendung von Beratern, meist Offizieren und Ingenieuren, nach China in den 1880er und vermehrt in den 1890er Jahren. Sehr zur Freude der neuen politischen Führung gelang es den deutschen Militärberatern in China nach dem Politikwechsel 1890 verstärkt den Abschluss ertragreicher Verträge für die heimische Stahl- und Rüstungsindustrie zu vermitteln. Aber weder diese ersten Erfolge der offensiveren Ostasienpolitik nach Bismarcks Sturz noch die Gründung der Deutsch-Asiatischen Bank 1889 (mit finanzieller Beteiligung des Deutschen Reiches) vermochten es zunächst, entscheidende Impulse für den erhofften wirtschaftlichen Umschwung in Deutschland zu geben.[41]

---

[41] Elisabeth Kaske: Bismarcks Missionäre. Deutsche Militärinstrukteure in China 1884-1890, Wiesbaden 2002; Frank H.H. King: A Concise Economic History of Modern China, Bombay 1968, S. 51-62; Lee Kuo-chi: Die chinesische Politik zum Einspruch von Shimonoseki und gegen die Erwerbung der Kiautschou-Bucht. Studien zu den chinesisch-deutschen Beziehungen von 1895 bis 1898, Münster 1966, S. 32-40; Leutner, S. 56-60; Louven, S. 162f.; Ratenhof, S. 61-126; Stoecker, S. 90-93 u. 175-237; Richard N.J. Wright: The Chinese Steam Navy 1862-1945, London 2000, S. 67-84; Yü, S. 123-146.

Auf einem anderen Gebiet jedoch war der „Neue Kurs"
in der Ostasienpolitik von Anfang an erfolgreich, dem der
Protektion deutscher Missionare in China. Bis zum November 1890 standen dort alle christlichen Missionare, auch
die deutschen, unter französischem Schutz. Der deutsche
Gesandte in Peking, Max von Brandt, der auch auf wirt-
schaftlichem Gebiet vehement für ein breiteres Engagement des Deutschen Reiches in Ostasien eintrat, bewegte
den katholischen Bischof Johann Baptist von Anzer dazu,
die von ihm geleitete Steyler Mission in Shantung dem
Schutz des Deutschen Reiches zu unterstellen. Nachdem
Anzer sich schließlich beim Papst erfolgreich dafür eingesetzt hatte, wurde dieser Schritt Ende November 1890
in die Tat umgesetzt. Damit war der „Durchbruch von der
traditionellen europazentrischen Gleichgewichtspolitik Bismarcks zur deutschen Weltpolitik"[42] vollzogen. Bei der
späteren Besetzung der Kiautschou-Bucht sollte, wie noch
aufzuzeigen sein wird, das deutsche Protektorat über die
Steyler Mission ein wichtiger Faktor werden.[43]

---

[42] Horst Gründer: Christliche Mission und deutscher Imperialismus. Eine politische Geschichte ihrer Beziehungen während der deutschen Kolonialzeit (1884-
1914) unter besonderer Berücksichtigung Afrikas und Chinas, Paderborn 1982,
S. 268.

[43] Ebd., S. 258-270; Stoecker, S. 242-254.

4.4 Von der Shimonoseki-Intervention bis zur Besetzung der Kiautschou-Bucht

China hatte seit dem Ersten Opiumkrieg viel an Macht und Einfluss in Asien verloren und außerdem viele territoriale Verluste erlitten. Zunächst besetzten die Briten die Insel Hongkong (1842), die Halbinsel Kowloon (1860) und schließlich Birma (1886). Die Russen brachen große Teile Zentralasiens aus der Einflusssphäre Chinas heraus (1868-1884) und eroberten die Gebiete an den Flüssen Amur und Ussuri (1858-1860), zeitweise auch das Ili-Gebiet in der Provinz Sinkiang (1871 besetzt, 1882 von China zurückgekauft)[44]. Auch die Franzosen drangen nach dem chinesischen Reich, besetzten Cochin-China (1858-1867) und eroberten bald darauf ganz Indochina (1883-1887)[45]. Portugal annektierte die Inseln Taipa und Colovane (1849) sowie Macao (1887).

Japan hingegen hatte sich seit seiner erzwungenen Öffnung 1853/54 durch die weitreichenden Meiji-Reformen innerhalb von wenigen Jahrzehnten zu einem modernen Staat europäischen Musters umgestaltet. Bereits in den 1870er Jahren begann es mit einer expansiven Politik durch die Erwerbung der Kurilen von Russland (1875) und die Angliederung der Liu-ch'iu-Inseln (Okinawa) mit chinesischer Duldung (1879). Anschließend richtete sich das Interesse

---

[44] Zur Ili-Krise siehe: Immanuel C.Y. Hsü: The Ili-Crisis. A Study of Sino-Russian Diplomacy 1871-1881, Oxford 1965; Bruce A. Elleman: Modern Chinese Warfare, 1795-1989, London u. New York 2001, S. 71-81.

[45] Zur französischen Kolonialpolitik in Ost- und Südostasien allgemein siehe: Dieter Brötel: Frankreich im Fernen Osten. Imperialistische Expansion und Aspiration in Siam und Malaya, Laos und China, 1880-1904, Stuttgart 1996.

Japans auf Korea, welches unter chinesischer Oberhoheit stand. Die daraus resultierenden Spannungen mit China entluden sich schließlich im chinesisch-japanischen Krieg 1894/95, in dem die japanische Armee die ebenfalls modernisierten Streitkräfte Chinas vernichtend schlug. China demonstrierte diese katastrophale Niederlage gegen eine andere asiatische Macht deutlich seine eigene Schwäche, Japan brachte der überragende Sieg die anerkannte Gleichstellung mit den Großmächten. Im Frieden von Shimonoseki 1895 verlor China Korea, das formell unabhängig wurde, de facto aber unter japanische Vorherrschaft geriet[46]. Außerdem musste es Formosa und die Pescadores-Inseln abtreten, Japan weitreichende Handelskonzessionen einräumen[47] und eine hohe Kriegsentschädigung zahlen. Japan hatte im Friedensvertrag auch die Abtretung der strategisch bedeutenden Halbinsel Liaotung von China gefordert. Aber durch die Tripelintervention Russlands, Frankreichs und des Deutschen Reiches[48], das sich besonders hervortat, verzichtete es schließlich darauf. Dadurch wurden das Gleichgewicht der Mächte in Ostasien und Chinas Einheit gewahrt.[49]

---

[46] Im Jahre 1910 wurde Korea schließlich offiziell von Japan annektiert.

[47] Dazu gehörten unter anderem die Öffnung weiterer Binnenhäfen und die Erlaubnis, dass Japaner in den Vertragshäfen Fabriken errichten durften. Durch die Meistbegünstigungsklausel profitierten auch die anderen Großmächte von diesen Regelungen. Vgl. Konrad Seitz: China. Eine Weltmacht kehrt zurück, München 2006, S. 109.

[48] Diese Allianz wird auch als „Ostasiatischer Dreibund" bezeichnet.

[49] William G. Beasley: Japanese Imperialism 1894-1945, Oxford 1987, S. 14-68; Otto Franke: Die Großmächte in Ostasien von 1894 bis 1914. Ein Beitrag zur Vorgeschichte des Krieges, Braunschweig u. Hamburg 1923, S. 31-104; Ratenhof, S. 98f. u. 127-133; Wolfgang Reinhard: Kleine Geschichte des Kolonialismus, Stuttgart 1996, S. 207-212; Rolf-Harald Wippich: Japan und die deutsche

Nachdem sich nun alle Großmächte territorial in China und Ostasien festgesetzt hatten, sogar das aufstrebende Japan chinesische Gebietsteile besetzt hatte, sorgte man sich in Deutschland wieder einmal zu spät zu kommen[50]. Deshalb verlangte die Reichsleitung Ende 1896 von der chinesischen Regierung, sie solle dem Deutschen Reich eine Flottenstation überlassen – als „Dankeszoll" für die Intervention in Shimonoseki zugunsten Chinas. Das war eine neue Dimension der deutschen Außenpolitik, die Töne wurden aggressiver. Einflussreiche Protagonisten dieser Politik waren vor allem der Leiter des Reichsmarineamtes, Vizeadmiral Friedrich Hollmann, und die „allseits anerkannte Fernost-Autorität"[51], der langjährige deutsche Gesandte in Peking Max von Brandt – beide Teilnehmer der Preußischen Ostasienexpedition. Vizeadmiral Hollmann trat vehement für die Errichtung von Flottenstationen[52] in Ostasien ein. Sie waren ein wichtiger Bestandteil

---

Fernostpolitik 1894-1898. Vom Ausbruch des Chinesisch-Japanischen Krieges bis zur Besetzung der Kiautschou-Bucht. Ein Beitrag zur Wilhelminischen Weltpolitik, Stuttgart 1987, S. 106-228; siehe auch: Fritz Wertheimer: Die japanische Kolonialpolitik, Hamburg 1910.

[50] In einem Telegramm des Reichskanzlers Chlodwig Fürst zu Hohenlohe-Schillingsfürst an den Staatssekretär des Auswärtigen Amtes, Adolf Freiherr Marschall von Bieberstein, vom 17. November 1894 heißt es wörtlich, man dürfe bei der Besetzung von wichtigen Punkten in China „unter keinen Umständen zu kurz kommen". Zit. in: Die Große Politik der Europäischen Kabinette 1871-1914. Sammlung der Diplomatischen Akten des Auswärtigen Amtes, 40 Bde., hrsg. für das Auswärtige Amt von Johannes Lepsius, Albrecht Mendelssohn-Bartholdy u. Friedrich Thimme, Berlin 1922-1927, Bd. 9: Der nahe und der ferne Osten, S. 245, Nr. 2219.

[51] Rolf-Harald Wippich: „Strich mit Mütze". Max von Brandt und Japan – Diplomat, Publizist, Propagandist, Tōkyō 1995, S. 5.

[52] Vizeadmiral Hollmann definierte im April 1895: „Unter Flottenstationen sind gesicherte Plätze im Auslande verstanden, welche, unter deutscher Gebietshoheit stehend, unseren Schiffen jederzeit die Möglichkeit gewähren, ihren Bedarf an

seines Kreuzerkrieg-Konzepts, der Idee also, weltweit über ein möglichst umfassendes Netz an Marinestützpunkten zu verfügen, um im Falle eines Krieges wirksame Schläge gegen die Handelsflotte des Gegners führen zu können und somit sein wirtschaftliches Potential empfindlich zu treffen. Weitere gewichtige Argumente waren der Schutz des deutschen Ostasienhandels und der Kolonien in der Südsee. Auch Max von Brandt trat seit Jahren nachdrücklich für ein breiteres (militärisches) Engagement des Deutschen Reiches in Ostasien zum Schutz und zur Förderung des deutschen Chinahandels ein und wies unermüdlich darauf hin, welche Bedeutung der chinesische Markt für die deutsche Wirtschaft habe. Als offensichtlich wurde, dass die chinesische Regierung nicht bereit war, dem Deutschen Reich auf freiwilliger Basis einen Stützpunkt zu überlassen, reiften die Pläne zu einer gewaltsamen Aneignung.[53] Die Wahl fiel schließlich nach eingehenden Beratungen auf die Kiautschou-Bucht[54].

Proviant, Kohlen, Munition, wie überhaupt Vorräten jeglicher Art, zu decken. Werkstätten, Docks, Hellinge sollen die Ausführungen von Reparaturen, Lazarette die Aufnahme von Kranken und Verwundeten, Kasernements die Unterbringung von Ersatzmannschaften für die Schiffe ermöglichen. Im Kriege bilden die Stationen die Basis für alle Unternehmungen, sie dienen der Flotte als Sammelpunkt und Rückhalt, den Handelsschiffen als sichere Zufluchtstätte." Zit. nach: Salewski, Kaiserliche Marine, S. 78.

[53] Elisabeth von Heyking: Tagebücher aus vier Weltteilen. 1886/1904, Leipzig 1926, S.170-226; Albert Hopmann: Das Logbuch eines deutschen Seeoffiziers, Berlin 1924, S. 233ff.; Lee, 103-151; Leutner, S. 63-67; Ratenhof, S. 127-153; Salewski, Kaiserliche Marine, S. 78f.; Alfred von Tirpitz: Erinnerungen, Leipzig 1919, S. 61-65; Werner Stingl: Der Ferne Osten in der deutschen Politik vor dem Ersten Weltkrieg (1902-1914), 2 Bde., Frankfurt am Main 1978, Bd. 1, S. 102-126. Zu Max von Brandt siehe: Richard Frederick Szippl: Max von Brandt and German Imperialism in East Asia in the Late Nineteenth Century, (Diss.) Ann Arbor 1990.

[54] Die Entscheidung zur Okkupation Kiautschous fiel bereits Ende 1896, nachdem das Tsungli Yamen (Behörde für auswärtige Angelegenheiten) dem deutschen

Bereits kurz nach dem Ausbruch des chinesisch-japanischen Krieges war eine Kreuzerdivision nach Ostasien entsandt worden, die nötigenfalls die deutschen Interessen wahren sollte. Dieser Verband wurde nun dazu eingesetzt, den gefassten Beschluss der Besetzung Kiautschous umzusetzen. Die Ermordung zweier deutscher Missionare der Steyler Mission in Shantung durch Mitglieder der „Gesellschaft der großen Messer" im November 1897 lieferte schließlich den Vorwand für die gewaltsame Inbesitznahme der Bucht. Am 14. November 1897 landete die Kreuzerdivision auf persönlichen Befehl des Kaisers[55] unter der Führung Otto von Diederichs' in Kiautschou und hisste die deutsche Flagge. Die chinesischen Truppen zogen kampflos aber protestierend ab, die deutschen Soldaten übernahmen ihre Quartiere. Diederichs verfasste eine Proklamation, welche die Bevölkerung des Gebietes über die Besetzung

---

Gesandten Edmund von Heyking unmissverständlich zu verstehen gegeben hatte, dass China dem Deutschen Reich auf freiwilliger Basis keine Flottenstation überlassen werde. Eine wichtige Rolle bei der Entscheidung Kiautschou und nicht einen anderen Hafen an der chinesischen Küste zu besetzen spielte der Bericht des Befehlshabers der Kreuzerdivision in Ostasien, Konteradmiral Tirpitz, der das Gebiet im August 1896 persönlich inspiziert hatte und die Besitzergreifung desselben anschließend befürwortete. Seitdem wartete die Reichsleitung nur noch auf eine günstige Gelegenheit, um das Gebiet besetzen zu können. Vgl. Albert H. Ganz: The German Navy in the Far East and Pacific: The Seizure of Kiautschou and After, in: Germany in the Pacific and Far East, 1870-1914, hrsg. v. John A. Moses u. Paul M. Kennedy, St. Lucia 1977, S. 115-136, hier S. 121-124; Albert H. Ganz: The Role of the Imperial German Navy in Colonial Affairs, Ann Arbor 1981, S. 88-111; Baldur Kaulisch: Alfred von Tirpitz und die imperialistische deutsche Flottenrüstung. Eine politische Biographie, Berlin (Ost) 1982, S. 68-72; Wippich, Japan, S. 285-297.

[55] Leutner, S. 119, Nr. 19. Prinz Heinrich schrieb an Wilhelm II. einige Jahre später, dass aus seiner Sicht „die Besitzergreifung von Tsingtau ein Denkstein der Geschichte Deiner Regierungszeit ist und zu den, wenn nicht der bedeutendsten Deiner Regierungshandlungen gehört". Zit. nach: Harald Eschenburg: Prinz Heinrich von Preußen. Der Großadmiral im Schatten des Kaisers, Heide 1989, S. 119.

und die künftige deutsche „Schutzherrschaft" unterrichte-te[56]. Mit diesem Tag, mit der Besetzung Kiautschous, war der Primat der Politik, wie er zu Bismarcks Zeiten gegolten hatte, endgültig dem Primat des Militärs gewichen.[57]

Auch Russland hatte in seinem Streben nach einem eisfreien Hafen in Asien Anspruch auf Kiautschou erhoben[58] und sich dabei auf das „Recht des ersten Ankerns" in der Bucht berufen[59], dann jedoch nach der Besetzung durch das Deutsche Reich einen Rückzieher gemacht. Das Zarenreich aber strebte nach Kompensation. So kam es, dass, während in Peking Deutschland und China den Pachtvertrag für die Kiautschou-Bucht besiegelten, zur gleichen Zeit Port Arthur und Dalny auf der Liaotung-Halbinsel an Russland verpachtet wurden (März 1898). Im Kiautschou-Vertrag setzte das Deutsche Reich eine Pachtdauer von 99 Jahren und des weiteren eine bevorzugte Behandlung von deutschen Firmen bei wirtschaftlichen Unternehmungen in Shantung

---

[56] Leutner, S. 120f., Nr. 22.

[57] Ebd., S. 105-109; Ganz, Role, S. 118-132; Terrell D. Gottschall: By Order of the Kaiser. Otto von Diederichs and the Rise of the Imperial German Navy, 1865-1902, Annapolis 2003, S. 156-164; Gründer, Mission, S. 276-284; Ratenhof, S. 148-152; Dirk Alexander Seelemann: The Social and Economic Development of the Kiaochou Leasehold (Shantung, China) under German Administration 1897-1914, (Diss.) Toronto 1982, S. 18-21; Stingl, Bd. 1, S. 126ff.

[58] Tsingtau „ist der nördlichste, nie zufrierende Hafen" an der chinesischen Küste und war daher von besonderem Interesse für Russland. Zitat aus: Wilhelm Berensmann: Wirtschaftsgeographie Schantungs unter besonderer Berücksichtigung des Kiautschougebiets, in: Zeitschrift für Kolonialpolitik, Kolonialrecht und Kolonialwirtschaft, Jg. 6 (1904), Nr. 8, S. 570-667, hier S. 584; siehe auch: Ebd., S. 592f.

[59] Siehe dazu: Sang Su Jung: Deutschland und das Gelbe Meer. Die deutsche Weltpolitik in Ostasien 1897-1902, Frankfurt am Main 1996, S. 35f. u. 42f.; John C.G. Röhl: Wilhelm II. Der Aufbau der persönlichen Monarchie 1888-1900, München 2001, S. 1060-1064.

durch[60]. Russland vereinbarte eine Pachtdauer von zunächst 25 Jahren und sicherte sich die Bahnbaurechte in der Mandschurei. Etwas überschwänglich schrieb darauf Wilhelm II. an den Zaren: „Wir beide werden ein gutes Paar Schildwachen am Eingange des Golfs von Petschili abgeben, die gebührend, insbesondere von den Gelben, respektiert werden!"[61] Mit dem Erwerb von Liaotung verschob sich der Schwerpunkt Russlands „erheblich nach Osten", weshalb die anderen Großmächte befürchteten, es werde, „wenn erst in einigen Jahren der gewaltigste Schienenweg der Erde, die Bahn Petersburg-Wladiwostok, den Einfluß seines Betriebes offenbaren wird [...] politisch der mächtigste Staat in Ostasien sein"[62]. Durch diese Entwicklungen aufgerüttelt, zogen auch Frankreich und Großbritannien nach und sicherten sich selbst weitere Gebiete und Einflusssphären in China. Damit waren die tatsächlichen Ziele der Tripelintervention von Shimonoseki entlarvt, die Aufteilung Chinas unter den Großmächten schritt immer weiter voran.[63]

---

[60] Der Vertragstext ist im Anhang beigefügt.

[61] Walter Goetz (Hrsg.): Briefe Wilhelms II. an den Zaren 1894-1914, Berlin o.J. [1920], S. 48 (Brief vom 28. März 1898).

[62] Zitate aus: Reinhold Werner: Der Entscheidungskampf der europäischen Völker gegen China, Chemnitz 1900, S. 22. Siehe dazu auch: Gustav Krahmer: Russland in Ost-Asien (Mit besonderer Berücksichtigung der Mandschurei), Leipzig 1899, S. 169-206.

[63] Uwe G. Fabritzek: Gelber Drache – Schwarzer Adler, München 1973, S. 20ff.; Otto Franke: Erinnerungen aus zwei Welten. Randglossen zur eigenen Lebensgeschichte, Berlin 1954, S. 98ff.; Dietrich Geyer: Der russische Imperialismus. Studien über den Zusammenhang von innerer und auswärtiger Politik 1860-1914, Göttingen 1977, S. 147-154; Jung, S. 29-67; Juri Semjonow: Sibirien. Eroberung und Erschließung der wirtschaftlichen Schatzkammer des Ostens, Berlin 1954, S. 379-388; Sergej Juljewitsch Graf Witte: Erinnerungen, Berlin 1923, S. 80-91.

5. Aufbau und Entwicklung des Schutzgebietes Kiautschou als Handelskolonie und Wirtschaftszentrum

5.1 Vom „Platz an der Sonne" zur „Musterkolonie"

Das Jahr 1897 bildete in zweifacher Hinsicht eine tiefe Zäsur in der deutschen Außenpolitik, zum einen, wie oben ausgeführt, durch die Besetzung Kiautschous[64], zum anderen durch den Beginn einer massiven Flottenaufrüstung unter dem neuen Leiter des Reichsmarineamtes, Alfred Tirpitz[65].

---

[64] Am 6. Dezember 1897 prägte Bernhard von Bülow das heute geflügelte Wort vom „Platz an der Sonne" in seiner ersten Reichstagsrede als Staatssekretär des Auswärtigen Amtes, gehalten anlässlich der Besetzung Kiautschous: „Die Zeiten, wo der Deutsche dem einen seiner Nachbarn die Erde überließ, dem anderen das Meer und sich selbst den Himmel reservierte, wo die reine Doktrin thront – diese Zeiten sind vorüber. Wir betrachten es als eine unserer vornehmsten Aufgaben, gerade in Ostasien die Interessen unserer Schiffahrt, unseres Handels und unserer Industrie zu fördern und zu pflegen. [...] Wir müssen verlangen, daß der Missionar und der deutsche Unternehmer, die deutschen Waren, die deutsche Flagge und das deutsche Schiff in China geradeso geachtet werden, wie diejenigen anderer Mächte. Wir sind endlich gern bereit, in Ostasien den Interessen anderer Großmächte Rechnung zu tragen, in der sicheren Voraussetzung, daß unsere eigenen Interessen gleichfalls bei ihnen gebührende Würdigung finden. Mit einem Worte: wir wollen niemand in den Schatten stellen, aber wir verlangen auch unseren Platz an der Sonne." Zit. in: Wilhelm von Massow (Hrsg.): Fürst Bülows Reden, 5 Bde., Leipzig o.J. [1916], Bd. 1, S. 35f.

[65] Alfred Tirpitz, der im Jahre 1900 geadelt wurde, übernahm die Leitung des Reichsmarineamtes am 15. Juni 1897 von Friedrich Hollmann, da dieser nach dem Scheitern seiner Kreuzerbaupläne im Reichstag zurückgetreten war. Kurz nach seinem Amtsantritt reichte Tirpitz sein Schlachtflottenkonzept ein, das 1898 zur Grundlage für ein erstes und in den darauf folgenden Jahren für weitere Flottengesetze und -novellen zum Ausbau der Kriegsflotte wurde. Vgl. Tirpitz, Erinnerungen, S. 79-203; siehe auch Anm. 71.

„Weltpolitik als Aufgabe, Weltmacht als Ziel, Flottenbau als Instrument"[66] lautete die neue imperiale Devise.

Tirpitz hatte Kaiser Wilhelm II. davon überzeugen können, dass im Falle eines Krieges der Gegner – konkret Großbritannien[67] – nicht durch einen aufwendigen, von seinem Vorgänger Hollmann favorisierten Kreuzerkrieg, sondern besser durch eine große Seeschlacht in der Deutschen Bucht zu schlagen sei[68]. Deutschland mangle es an überseeischen Stützpunkten, konstatierte er kurz nach seinem Dienstantritt im Reichsmarineamt, ein „Kreuzerkrieg und transozeanischer Krieg gegen England", welches weltweit Stützpunkte im Überfluss besitze, seien deshalb „aussichtslos"; vielmehr müsse die deutsche Flotte „so eingerichtet werden, daß sie ihre höchste Kriegsleistung zwischen Helgoland und Themse entfalten kann"[69]. Mit dem bald darauf

---

[66] Hans Herzfeld: Die moderne Welt 1789-1945, 2 Bde., 3. erweiterte Auflage, Braunschweig 1960, Bd. 2: Weltmächte und Weltkriege, S. 35.

[67] Der Bau einer Schlachtflotte galt in dieser Zeit auch in vielen anderen Staaten als „die Lizenz zum großen Spiel der Zukunft – der Weltpolitik". Erst mit der politischen Entscheidung, den planmäßigen Ausbau der Schlachtflotte gegen Großbritannien zu richten, läutete Tirpitz „die große Revolution des Jahres 1897" ein. Zitate aus: Rolf Hobson: Maritimer Imperialismus. Seemachtideologie, seestrategisches Denken und der Tirpitzplan 1875 bis 1914, München 2004, S. 326 u. 252. In seinem Memorandum zum Schlachtflottenkonzept vom Juli 1897 konstatierte Tirpitz: „Für Deutschland ist zur Zeit der gefährlichste Gegner zur See England. Es ist auch der Gegner, gegen den wir am dringendsten ein gewisses Maß an Flottenmacht als politischer Machtfaktor haben müssen." Zit. in: Volker R. Berghahn, Wilhelm Deist (Hrsg.): Rüstung im Zeichen der wilhelminischen Weltpolitik. Grundlegende Dokumente 1890-1914, Düsseldorf 1988, S. 122.

[68] Das aber hieß: „der deutschen Marine war mit dem Tirpitzschen Konzept das Ziel des Seekrieges, die Kontrolle der Seewege, aus dem Blick geraten". Edward Wegener: Die Tirpitzsche Seestrategie, in: Marine und Marinepolitik im kaiserlichen Deutschland 1871-1914, hrsg. v. Herbert Schottelius und Wilhelm Deist, Düsseldorf 1972, S. 236-262, hier S. 245. Siehe dazu auch: Hobson, S. 315-320.

[69] Die hier zitierten Ausführungen sind Tirpitz' Memorandum zum Schlachtflottenkonzept vom Juli 1897 entnommen, zit. in: Berghahn/Deist, S. 122-127, hier S. 122.

eingeleiteten Bauprogramm wollte er eine Schlachtflotte schaffen, die „leistungsfähig und stark genug [ist], um die Seeinteressen des Reichs wirksam zu vertreten"[70]. Für Tirpitz stand jedoch nicht die militärische, sondern die politische Bedeutung von Seemacht im Vordergrund. Im Rahmen seiner Seemachtideologie war die Schlachtflotte vor allem ein machtpolitisches Instrument, um dem Deutschen Reich Seegeltung zu verschaffen. Durch die planmäßige Aufrüstung der Kaiserlichen Marine sollte die führende Seemacht Großbritannien nicht hegemonial herausgefordert, sondern mittelfristig zu weltpolitischen Konzessionen gezwungen werden. Der Tirpitz-Plan war demzufolge primär eine politische Erpressungsstrategie gegen England.[71]

Tirpitz wollte Kiautschou als Mittel zur Durchsetzung und Popularisierung seiner Flottenpolitik benutzen. Es gelang ihm schließlich, noch vor der Unterzeichnung des Pachtvertrages am 6. März, dass im Februar 1898 die Verwaltung des Schutzgebietes nicht wie üblich der Kolonialabteilung im Auswärtigen Amt[72], sondern der Marine, dem von ihm geleiteten Reichsmarineamt, übertragen wur-

---

[70] Bernhard Fürst von Bülow: Denkwürdigkeiten, 4 Bde., Berlin 1930-1931, Bd. 1: Vom Staatssekretariat bis zur Marokko-Krise, S. 115.

[71] Über diesen fundamentalen Umschwung in der deutschen Außen- und Marinepolitik gibt es eine gewaltige Menge Literatur. Hier sei deshalb in erster Linie auf folgende, wichtige Werke verwiesen: Volker R. Berghahn: Der Tirpitz-Plan. Genesis und Verfall einer innenpolitischen Krisenstrategie unter Wilhelm II., Düsseldorf 1971; Konrad Canis: Von Bismarck zur Weltpolitik. Deutsche Außenpolitik 1890 bis 1902, Berlin 1997; Hobson, S. 191-296 u. 351-358; Walther Hubatsch: Die Ära Tirpitz. Studien zur deutschen Marinepolitik 1890-1918, Göttingen u.a. 1955, S. 11-84; Wolfgang J. Mommsen: Großmachtstellung und Weltpolitik. Die Außenpolitik des Deutschen Reiches 1870 bis 1914, Frankfurt am Main u. Berlin 1993, S. 107-205; Peter Winzen: Bülows Weltmachtkonzept. Untersuchungen zur Frühphase seiner Außenpolitik 1897-1901, Boppard am Rhein 1977.

[72] Vorläufer des im Mai 1907 errichteten Reichskolonialamtes.

de[73]. Fortan wurde Kiautschou in der Flottenpropaganda als Beweis und Symbol dafür hingestellt, dass

„nur eine Flotte [und zwar nur eine große, schlagkräftige und deshalb teure Schlachtflotte, d. Verf.] auf lange Sicht die Zukunft Deutschlands als globale Industrie- und Handelsmacht sichern könne, und nur mit diesem Machtmittel es möglich sein würde, überseeische Kolonien gegen den Widerstand der anderen Mächte (insbesondere England) zu erwerben und zu unterhalten [...] Tirpitz wollte, daß sich das »Auslandsdeutschtum« hinter einem solchen Symbol »versammelte« und gemeinsam für das nationale Projekt der deutschen Weltmacht arbeitete"[74].

Tirpitz ging mit großem Elan an die Sache heran und begann sehr rasch, sich konzentriert an den Aufbau seiner „Musterkolonie" zu machen. Sein Hauptaugenmerk galt stets der wirtschaftlichen Entwicklung. Kurze Zeit nach der Übernahme der Verwaltung durch das Reichsmarineamt wurde mit dem Aufbau der Stadt Tsingtau (Grüne Insel) begonnen, das nach den Vorstellungen Tirpitz' ein zweites Hongkong[75] werden sollte.[76] Es galt, so schrieb er in seinen

---

[73] In einem internen Positionspapier des Reichsmarineamtes begründete Tirpitz sein Engagement für die Übertragung der Verwaltung Kiautschous auf die Marine folgendermaßen: „Es ist meine feste Überzeugung, daß diejenige Stelle, welche diese Aufschließung Chinas leitet und durch zweckentsprechende Organisationen und Maßnahmen stützt, im deutschen Vaterlande ungeheuer an Autorität und Prestige gewinnen wird. Tritt die Marine an die Spitze der kolonialen Bewegung, so werden auch die kolonialen Errungenschaften in das credit der Marine eingetragen werden und in ihren Folgen der Marine zu Gute kommen." Zit. nach: Leutner, S. 171.

[74] Ebd., S. 44.

[75] Nach Wilhelm Schrameier war es „bei dem Mangel an allen praktischen Vorbildern [...] selbstverständlich, dass von Anfang an Hongkong als Vorbild ins Auge gefasst war". Wilhelm Schrameier: Die Grundlagen der wirtschaftlichen Entwicklung in Kiautschou, Berlin 1903, S. 33. Was den Hafenbetrieb und die Hafenverwaltung anbetrifft, orientierte sich Schrameier aber vor allem

Memoiren, „mit großem Zug in kleinem Rahmen zu zeigen, wozu Deutschland imstande wäre"[77].

Kiautschou als Ausgangspunkt für den Erwerb weiterer Kolonien zu nutzen, oder auch nur das Pachtgebiet selbst zu vergrößern, daran lag ihm nichts. Im Gegenteil, denn er fürchtete, dass dies zu einer ernsthaften Konfrontation mit Großbritannien führen und somit sein Schlachtflottenprojekt gefährden würde. Sein Ziel war vielmehr „der Ausbau informeller Herrschaft im Wege navaler, kommerzieller und kultureller Vorherrschaft"[78]. Seiner Ansicht nach konnte die systematische Aufrüstung der Hochseeflotte[79] nur dadurch abgesichert werden, dass ernstliche Konflikte, zumal mit der führenden Seemacht Großbritannien, auf jeden Fall vermieden wurden[80]. Bis zur Vollendung des Flottenbaus habe das Deutsche Reich „eine gewisse Gefahrenzone"[81] zu überwinden, dann erst würde es „sein machtpolitisches Gewicht in die Waagschale des Imperialismus

---

am Hamburger Modell. Vgl. Wilhelm Schrameier: Hafenbetrieb und Hafenverwaltung zu Tsingtau, Tsingtau 1904.

[76] Gründer, Geschichte, S. 188f.; Salewski, Kaiserliche Marine, S. 80f.; Schrameier, Grundlagen, S. 43f.; Tirpitz, Erinnerungen, S. 65-72; siehe auch: Berghahn, Tirpitz-Plan, S. 129-138.

[77] Tirpitz, Erinnerungen, S. 66.

[78] Gründer, Geschichte, S. 189.

[79] Diese Dienstbezeichnung gab Kaiser Wilhelm II. der aktiven Schlachtflotte am 16. Februar 1907.

[80] Bernhard von Bülow versuchte dies mittels einer „Politik der freien Hand" zu erreichen, doch diese außenpolitische Strategie isolierte das Deutsche Reich nach der Jahrhundertwende zunehmend und trug erheblich zum Entstehen der Spannungen bei, die zum Ausbruch des Ersten Weltkrieges führten. Vgl. Mommsen, Großmachtstellung, S. 139-205.

[81] Alfred von Tirpitz: Politische Dokumente, 2 Bde., Berlin u.a. 1924-1926, Bd. 1: Der Aufbau der deutschen Weltmacht, S. 7.

werfen können"[82]. Vor diesem Hintergrund versteht sich Tirpitz' permanente Fokussierung, sowohl in der Flottenpropaganda als auch in konkreten politischen Maßnahmen, auf den Ausbau Kiautschous zum Wirtschaftszentrum und zur Handelskolonie. Deshalb war er beispielsweise gegen die Stationierung des III. Seebataillons[83] in Tsingtau[84] und die Beteiligung an der Boxer-Expedition, konnte beides allerdings nicht verhindern. Tirpitz' Strategie führte auch zu Reibereien mit dem Bruder des Kaisers, Prinz Heinrich, der Ende 1897 mit einer zweiten Kreuzerdivision nach Ostasien entsandt worden war[85] und eine expansive Kolonial-

---

[82] Berghahn, Tirpitz-Plan, S. 599.

[83] Am 13. Juni 1898 wurden die bereits in Tsingtau stationierten Marineinfanterie-Einheiten umbenannt in III. Seebataillon. Die Truppe hatte zunächst eine Mannschaftsstärke von 1.500 Marineinfanteristen, die bis zum Vorabend des Ersten Weltkrieges auf 2.500, im Zuge der Mobilmachung im August 1914 sogar auf fast 4.700 Soldaten anwuchs. Vgl. Werner Haupt: Die deutsche Schutztruppe 1889/1918. Auftrag und Geschichte, Utting o.J. [2001], S. 144-147; C. Huguenin: Geschichte des III. See-Bataillons, Tsingtau 1912, S. 51 u. 128-139; Leutner, S. 171. Beim III. Seebataillon handelte es sich nicht um einen neben der Armee und Marine selbständig organisierten Teil der kaiserlichen Streitkräfte wie die Schutztruppen in den deutschen Kolonien in Afrika; es war ein Teil der aktiven Marine. Vgl. Haupt, S. 143; Köbner, S. 124ff. Auch verfügte das III. Seebataillon im Gegensatz zu den Armee- und Polizeieinheiten in den anderen Schutzgebieten über eine eigene Truppenfahne, ebenso wie die beiden Seebataillone in der Heimat. Vgl. Jörg M. Karaschewski: Flaggen in den deutschen Schutzgebieten, Achim 2005, S. 64ff.

[84] Tirpitz war ohnehin der Auffassung, dass die Schutztruppen nur bedingt für die Verteidigung der Kolonien geeignet waren. Wirksamen Schutz könnten im Frieden nur die Auslandskreuzer vor Ort gewähren, im Kriegsfall läge die Entscheidung über das Schicksal der Schutzgebiete in der Nordsee. Vgl. Berghahn, Tirpitz-Plan, S. 151. Im Krieg werde es, so Tirpitz wörtlich, „in den meisten Fällen weniger darauf ankommen, die Kolonien an Ort und Stelle zu verteidigen, als sie in der Heimat durch die Schlachtflotte zu schützen". Zit. nach: ebd.

[85] Diese Kreuzerdivision wurde mit der bereits in Ostasien stationierten Kreuzerdivision zum sogenannten Ostasiatischen Kreuzergeschwader vereinigt. Zu den wichtigsten Aufgaben der in Ostasien stationierten deutschen Marinestreitkräfte

und Marinepolitik im Fernen Osten betreiben wollte. Zwar konnte Tirpitz den Erwerb neuer Südsee-Kolonien nicht verhindern[86], wohl aber, dass die deutschen Flottenverbände in den fernöstlichen Gewässern als „Weltpolizisten" beziehungsweise „Überseefeuerwehr"[87] fungierten.[88]

Nachdem Wilhelm II. am 25. April 1898 Kiautschou zum kaiserlichen Schutzgebiet erklärt hatte[89], wurde mit dem Aufbau einer Kolonialverwaltung begonnen. Als Gouverneur wurde stets ein hoher Marineoffizier eingesetzt,

---

zählten der Schutz des deutschen Handels- und Schifffahrtsverkehrs in den fernöstlichen Gewässern und ihre Funktion als Drohmittel gegen die Chinesen. Zur Entstehung und Geschichte des Ostasiatischen Kreuzergeschwaders siehe: Jung, S. 132-143; Heinrich Walle: Das deutsche Kreuzergeschwader in Ostasien 1897 bis 1914. Politische Absichten und militärische Wirkung, in: Der Einsatz von Seestreitkräften im Dienst der Auswärtigen Politik, hrsg. v. Deutschen Marine-Institut, Herford 1983, S. 32-60; siehe auch: Carl Dick: Das Kreuzergeschwader. Sein Werden, Sieg und Untergang, Berlin 1917.

[86] In den Jahren 1899 und 1900 wurden die Marianen-, Karolinen- und Palauinseln sowie Teile Samoas für das Deutsche Reich erworben und somit die Südsee-Kolonien um große Gebiete erweitert. Zur Geschichte der deutschen Kolonien in der Südsee allgemein siehe: Hermann Joseph Hiery: Das Deutsche Reich in der Südsee (1900-1921). Eine Annäherung an die Erfahrungen verschiedener Kulturen, Göttingen u. Zürich 1995; Hermann Joseph Hiery (Hrsg.): Die deutsche Südsee 1884-1914. Ein Handbuch, 2., durchgesehene und verbesserte Auflage, Paderborn 2001.

[87] Zitate aus: Ratenhof, S. 157.

[88] Ebd., S. 157f.; Berghahn, Tirpitz-Plan, S. 380-415; Kaulisch, S. 120-123; Paul M. Kennedy: Maritime Strategieprobleme der deutsch-englischen Flottenrivalität, in: Marine und Marinepolitik im kaiserlichen Deutschland 1871-1914, hrsg. v. Herbert Schottelius und Wilhelm Deist, Düsseldorf 1972, S. 178-210, hier S. 182; Mommsen, Großmachtstellung, S. 139-161; Röhl, S. 1067-1072. Michael Salewski spekuliert sogar, „daß Tirpitz deswegen so viel für Tsingtau tat […] weil desto schlagender zu beweisen war, daß dieser Weg [d.h. überseeische Stützpunktpolitik und Kreuzerkrieg-Konzept zur Wahrung der deutschen Seeinteressen, d. Verf.] nicht der richtige sei". Michael Salewski: Tirpitz. Aufstieg – Macht – Scheitern, Göttingen u.a. 1979, S. 45.

[89] Leutner, S. 205, Nr. 49.

der direkt dem Leiter des Reichsmarineamtes unterstellt war. Der Aufbau administrativer Strukturen, die Durchführung einer Bodenreform, die Schaffung einer Landordnung, der Aufbau Tsingtaus und der Verteidigungsanlagen[90] usw. usf., all das vollzog sich in mehr oder weniger kurzer Zeit, je nachdem in einigen Monaten oder wenigen Jahren.[91]

War allein dieser strukturelle, administrative Aufbau schon musterhaft, so wurde gerade und besonders auch Wert darauf gelegt, Kiautschou und vor allem die Marinestadt Tsingtau als eine Art Schaukasten für die modernsten technologischen, wissenschaftlichen und infrastrukturellen Errungenschaften herzurichten. Was im Schutzgebiet errichtet und eingerichtet wurde, ob Hafen oder Werft, Lazarett oder Laboratorium, Flugplatz oder asphaltierte Straßen, Sternwarte oder deutsch-chinesische Hochschule – es entsprach stets dem neuesten Stand.[92] Welche Wirkung sich

---

[90] Tsingtau war „der einzige befestigte Stützpunkt in sämtlichen deutschen Schutzgebieten […]. Im übrigen waren die sämtlichen deutschen Kolonien in Afrika und der Südsee ohne die geringste Befestigung, welche nur zur Verteidigung gegen den Angriff europäischer See- oder Landstreitkräfte geeignet gewesen wäre“. Zitat aus: Heinrich Schnee: Die koloniale Schuldlüge, 5. Auflage, München 1928, S. 37. Zur Befestigung von Tsingtau siehe: Jork Artelt: Tsingtau. Deutsche Stadt und Festung in China 1897-1914, Düsseldorf 1984, S. 86-118 u. 153-218.

[91] Eine umfassende Darstellung der Kolonialadministration enthalten: Otto Hövermann: Kiautschou. Verwaltung und Gerichtsbarkeit, Tübingen 1914, S. 2-44; Wilhelm Schrameier: Aus Kiautschous Verwaltung. Die Land-, Steuer- und Zollpolitik des Kiautschougebietes, Jena 1914; Torsten Warner: Der Aufbau der Kolonialstadt Tsingtau: Landordnung, Stadtplanung und Entwicklung, in: Tsingtau. Ein Kapitel deutscher Kolonialgeschichte in China 1897-1914, hrsg. v. Hans-Martin Hinz u. Christoph Lind, Berlin 1998, S. 84-95.

[92] Artelt, S. 20-55; Leutner, S. 44f.; Wilhelm Schrameier: Kiautschou. Seine Entwicklung und Bedeutung. Ein Rückblick, Berlin 1915, S. 48-53; Tirpitz, Erinnerungen, S. 75f.; Zhu Maoduo: Deutsche Wirtschaft und Herrschaft in Qingdao 1897-1914, in: Alltagsleben und Kulturaustausch: Deutsche und Chinesen in Tsingtau 1897-1914, hrsg. v. Hermann Joseph Hiery u. Hans-Martin

die Reichsleitung davon erhoffte, dass mag folgender Auszug aus Kaiser Wilhelms II. Memoiren verdeutlichen:

„Tsingtau war eine aufblühende deutsche Handelskolonie, von den Chinesen geschätzt und bewundert, und viele Chinesen wirkten in ihr mit. Es war gewissermaßen ein großes Musterlager deutschen Könnens und deutscher Leistungen zur Auswahl und Nacheiferung für die Chinesen[93], die Deutschland, seine Leistungsfähigkeit und Produkte vorher nicht gekannt hatten; ein Gegensatz zu den rein militärischen, auf Beherrschung und Eroberung gerichteten Flottenbasen Russlands und Englands."[94]

Hinz, Berlin u. Wolfratshausen 1999, S. 274-293, hier S. 279-286. Nach Wilhelm Schrameier dürfe der Deutsche sogar stolz darauf sein, „daß die im Kiautschougebiete getroffenen Vorkehrungen selbst Engländern und Japanern zum Vorbilde dienten". Schrameier, Kiautschou, S. 53.

[93] Nach imperialistischer Manier waren für den Marinebaurat Bökemann „die Bestrebungen, einen bedeutenden Handelsplatz für Schantung zu schaffen, [...] von vornherein begleitet von erzieherischem Einwirken auf die Bevölkerung". Seiner Ansicht nach wirke „schon der erste deutsche Matrose [...] beim Betreten eines Europäern noch unerschlossenen Landes im gewissen Sinne erzieherisch, indem er Ordnung, Sauberkeit und deutsche Sprache verbreitet und die handwerkliche Tätigkeit beeinflußt". Ebenso wirkten „Kaufleute und Techniker in Ausübung ihres Berufes erzieherisch", weil sie „deutsche Arbeitsmethoden und deutsche Werke als Vorbild" einführen. Zitate aus: Bökemann: Über Wirtschaft und Verkehr in der Provinz Schantung, in: Koloniale Monatsblätter. Zeitschrift für Kolonialpolitik, Kolonialrecht und Kolonialwirtschaft, Jg. 15 (1913), Nr. 2, S. 87-98 und Nr. 3, S. 126-144, hier Nr. 2, S. 88.

[94] Wilhelm II.: Ereignisse und Gestalten aus den Jahren 1878-1918, Leipzig u. Berlin 1922, S. 65.

5.2 Das Verhältnis der Kolonialherren zur chinesischen Bevölkerung

Unmittelbar nach der Besetzung Kiautschous wurde die dortige chinesische Bevölkerung enteignet, erhielt allerdings eine geringe Entschädigung. „Die Leute konnten vertraglich auf dem Boden bleiben, solange sie wollten und wir das Land nicht brauchten."[95] Wenn sie aber dort bleiben wollten, mussten sie nach dem „Verkauf" ihr vormals eigenes Land pachten oder, was sich kaum einer leisten konnte, es auf den Landversteigerungen zurückkaufen[96]. Gegen diese Maßnahmen gab es Widerstand. Nicht jeder war bereit, sein Land einfach so preiszugeben, schon gar nicht angesichts der erwarteten Wertsteigerung „freiwillig" zu den geringen Entschädigungen zu veräußern, nur um es anschließend wieder zu pachten oder teurer zurückzukaufen.[97] Aber die Landordnung Wilhelm Schrameiers vom September 1898 und entsprechende Ergänzungen in den folgenden Jahren schrieben schließlich diese und weitergehende Regelungen fest[98].

---

[95] Tirpitz, Erinnerungen, S. 66. Diese Regelung war im Kiautschou-Vertrag (I. Teil, Artikel V) festgeschrieben. Vgl. Anhang Nr. 10.

[96] Die Einnahmen aus Landverkäufen, Grundsteuer und Pachterträgen waren bis 1905 in ihrer Summe die bedeutendsten regelmäßigen Einahmequellen der Kolonialadministration, später außerdem der Zoll. Vgl. Gründer, Geschichte, S. 190; Schrameier, Verwaltung, S. 150ff.

[97] Wilhelm Matzat: Alltagsleben im Schutzgebiet: Zivilisten und Militärs, Chinesen und Deutsche, in: Tsingtau. Ein Kapitel deutscher Kolonialgeschichte in China 1897-1914, hrsg. v. Hans-Martin Hinz u. Christoph Lind, Berlin 1998, S. 106-120, hier S. 106; Warner, S. 84ff.

[98] Leutner, S. 206ff., Nr. 50; Mohr, S. 263-266; Schrameier, Verwaltung, S. 1-152. Wilhelm Schrameier wurde 1924 auf Einladung Sun Yat-sens Berater in China

1905 waren die Landverkäufe im Stadtgebiet von Tsingtau weitestgehend abgeschlossen[99]. Die Wohnräume von Europäern und Chinesen in der Stadt waren – bis 1912 – strikt getrennt. Diese bewusste Segregation wurde bereits 1898 mit dem Baubeginn der „Chinesenstadt" Tapautau, einem abgesonderten Stadtteil Tsingtaus, eingeleitet. Nach Albrecht Penck entsprang diese Trennung

„einer vorsichtigen Überlegung; die beiden Rassen sind zu verschiedenartig in bezug auf Lebensgewohnheiten, als daß ein Durcheinanderleben rätlich erscheinen möchte. Jedenfalls würde sich die Reinlichkeit des europäischen Viertels kaum aufrecht erhalten lassen, wenn hier zahlreiche Chinesen wohnen würden"[100].

Ähnliche Überlegungen spielten auch bei der Errichtung der sogenannten Erbbaustädte[101] Taitungtschen und Taihsitschen eine Rolle, in welchen ausschließlich Chinesen, meist Arbeiter und Handwerker, angesiedelt wurden. In den europäischen Haushalten arbeiteten allerdings in der Regel chinesische Bedienstete[102], die meist in Neben-

---

und entwarf ein Programm für das Land, welches 1930 als Bodengesetz verabschiedet wurde. Durch den Bürgerkrieg kam es auf dem Festland jedoch nicht mehr zur Umsetzung, es beeinflusst aber bis heute die Bodengesetzgebung auf Taiwan. Vgl. Wilhelm Matzat: Der Zusammenhang der Bodenpolitik von Tsingtau und Taiwan, in: Zeitschrift für Sozialökonomie, Jg. 29 (1992), Nr. 94, S. 29-34, hier S. 29ff.; Wilhelm Matzat: Die Tsingtauer Landordnung des Chinesenkommissars Schrameier, Bonn 1985, S. 32ff.;

[99] Schrameier, Verwaltung, S. 61.

[100] Albrecht Penck: Tsingtau, Berlin 1991, S. 16.

[101] Zum Erbbaurecht in den Chinesen-Siedlungen und zu den Formen der Landvergebung in Kiautschou allgemein siehe: Schrameier, Verwaltung, S. 24-32.

[102] In der Regel beschäftigte ein europäischer Haushalt in Tsingtau je einen männlichen Dienstboten, Koch und Mafu (Stallknecht), unter Umständen auch eine Kinderfrau. Vgl. Huang Fu-teh: Chinesen unter deutscher Herrschaft: Arbeiter (Kulis) und Dienstboten, in: Alltagsleben und Kulturaustausch: Deutsche

gebäuden und somit im Europäerviertel untergebracht wurden. Zwar war es Chinesen von Anfang an erlaubt, auch im Europäerviertel Grundstücke zu erwerben und Häuser darauf zu bauen, deren Nutzung jedoch mussten sie Europäern überlassen. Trotzdem machten viele, die es sich leisten konnten, Gebrauch von dieser Möglichkeit.[103] 1913 lebten etwa 255.000 Menschen in Kiautschou, davon aber nur rund 4.500 Nicht-Chinesen[104]. Trotzdem gab es für die meisten Einheimischen Arbeitsmöglichkeiten, beispielsweise als Händler, Handwerker, Dolmetscher, Hausdiener, Arbeiter respektive Tagelöhner (Kuli) oder bei der Chinesen-Polizei. Tsingtau war eine aufblühende Stadt, ein Handelsplatz. Ob im Hafen, in der Werft oder bei den Kaufleuten – billige Arbeitskräfte wurden überall benötigt. Auch im Baugewerbe und im Nahverkehr[105] war der Bedarf an Kulis groß, ihre Bezahlung und ihre Lebensumstände allerdings waren meist erbärmlich. Im Laufe der Zeit bildeten sich Klassenunterschiede unter

---

und Chinesen in Tsingtau 1897-1914, hrsg. v. Hermann Joseph Hiery u. Hans-Martin Hinz, Berlin u. Wolfratshausen 1999, S. 139-150, hier S. 142; Hans Weicker: Kiautschou. Das deutsche Schutzgebiet in Ostasien, Berlin 1908, S. 119f.

[103] Matzat, Alltagsleben, S. 106ff.; Mohr, S. 206-209; Schrameier, Kiautschou, S. 60f. Eine ausführliche zeitgenössische Beschreibung Tsingtaus enthält: Weicker, S. 42-72; siehe außerdem: Friedrich Behme, Michael Krieger: Führer durch Tsingtau und Umgebung, Wolfenbüttel 1904, S. 22-75.

[104] Die Anzahl der chinesischen Bevölkerung im Schutzgebiet wuchs von 1902 bis 1913 von etwa 100.000 auf circa 250.000 Menschen, rund ein Fünftel davon lebte in Tsingtau. Der Anteil nicht-chinesischer Bevölkerung wuchs im gleichen Zeitraum von 688 auf 2.069 Menschen (plus 1.850 beziehungsweise 2.400 Soldaten). Vgl. Huang, Chinesen, S. 139; Matzat, Alltagsleben, S. 106.

[105] Damit sind in erster Linie die Rikschafahrer gemeint. Rikschas waren zwar nicht das einzige, aber das wichtigste Verkehrsmittel in Tsingtau. Vgl. Huang, Chinesen, S. 140f.

den ansässigen Chinesen heraus, weil die Kolonialadministration sie ihrem Nutzen beim planmäßigen Aufbau der Kolonie entsprechend unterschiedlich behandelte. Im Justizwesen aber wurde nur zwischen Chinesen und Nicht-Chinesen unterschieden; die Strafen für Chinesen waren durchweg drastischer und höher, was teilweise zu Spannungen führte[106]. Das Verhältnis der meist nur kurzweilig in Tsingtau lebenden Europäer zur chinesischen Bevölkerung blieb in der Regel distanziert.[107]

Im September 1899 wurde unter der Leitung des Gouverneurs Paul Jaeschke eine Chinesenkompanie aufgestellt, nach einem ähnlichen Muster wie etwa die Askaris in Deutsch-Ostafrika. Gründe dafür waren in erster Linie Kostenersparnis und die bessere Anpassung der Einheimischen an Klima und Land. Außerdem erleichterte nach Jaeschkes Ansicht „das weniger wertvolle Menschenmaterial einer Chinesentruppe [...] ihre rücksichtslose Verwendung zu jeder Zeit"[108]. Während des Boxeraufstandes

---

[106] Annette S. Biener: Das deutsche Pachtgebiet Tsingtau in Schantung 1897-1914. Institutioneller Wandel durch Kolonialisierung, Bonn 2001, S. 233-249; Hövermann, S. 54-118; Huang, Qingdao, S. 66-80; Bernd Leupold: Chinesen unter deutschem Recht: Das Justizwesen im Schutzgebiet, in: Tsingtau. Ein Kapitel deutscher Kolonialgeschichte in China 1897-1914, hrsg. v. Hans-Martin Hinz u. Christoph Lind, Berlin 1998, S. 143-145; Leutner, S. 178ff. Im Jahre 1896 wurden für die afrikanischen Kolonien Höchstmaße und Bedingungen für körperliche Strafen festgelegt. Demnach betrug das Höchstmaß für die Prügelstrafe 50 Schläge. In Kiautschou jedoch, das nicht von der Kolonialabteilung im Auswärtigen Amt sondern vom Reichsmarineamt verwaltet wurde, betrug das Höchstmaß für die Prügelstrafe 100 Schläge. Vgl. Hermann: Die Prügelstrafe nach deutschem Kolonialrecht, in: Zeitschrift für Kolonialpolitik, Kolonialrecht und Kolonialwirtschaft, Jg. 10 (1908), Nr. 2, S. 72-83, hier S. 78f.; Winfried Speitkamp: Deutsche Kolonialgeschichte, Stuttgart 2005, S. 69.

[107] Huang, Chinesen, S. 139-143; Matzat, Alltagsleben, S. 108-114; Weicker, S. 116-121.

[108] Zit. nach: Bernd Leupold: Chinesen in deutscher Uniform: Der Alltag der chinesischen Soldaten in der deutschen Interessenzone, in: Alltagsleben und Kultur-

wurden Teile der gut ausgerüsteten Truppe, die von Offizieren und Unteroffizieren des III. Seebataillons befehligt wurde, in der außerhalb des Schutzgebietes liegenden Stadt Kiautschou eingesetzt (Sommer 1900). Vorwürfe der Erpressung und Korruption, des Verrats und der Spionage aber führten unter Jaeschkes Nachfolger, Admiral Oskar von Truppel, bereits im Herbst 1901 zur Auflösung der Chinesenkompanie und der Eingliederung ihrer Soldaten in die Chinesen-Polizei des Schutzgebietes.[109]

Als im Juni 1900 mit der Ermordung des deutschen Gesandten Clemens Freiherr von Ketteler in Peking der Boxeraufstand begann, entsandte das Deutsche Reich, mit dem Ziel seinen Einfluss in China zu vergrößern, zur Bekämpfung der „Gelben Gefahr"[110] ein Expeditionskorps, dessen Befehlshaber Alfred Graf von Waldersee zugleich Oberbefehlshaber der alliierten Streitkräfte in China war[111]. Die „Hunnenrede" Kaiser Wilhelms II. bei der Ver-

---

austausch: Deutsche und Chinesen in Tsingtau 1897-1914, hrsg. v. Hermann Joseph Hiery u. Hans-Martin Hinz, Berlin u. Wolfratshausen 1999, S. 120-138, hier S. 121. Hier kommt „der verachtende Hass gegenüber den gelben Zopfträgern" besonders deutlich zum Ausdruck, der in dieser Zeit das Verhältnis der Deutschen – und aller anderen Europäer – zu den Chinesen prägte. Zitat aus: Hans-Otto von Samson-Himmelstjerna: Die gelbe Gefahr als Moralproblem, Berlin 1902, S. 270. Zum Kulturrassismus allgemein siehe: Klaus Mühlhahn: Herrschaft und Widerstand in der „Musterkolonie" Kiautschou. Interaktionen zwischen China und Deutschland, 1897-1914, München 2000, S. 188-199.

[109] Biener, S. 53-58; Huang, Qingdao, S. 137-144; Huguenin, S. 68-72 u. 108; Leupold, Chinesen in deutscher Uniform, S. 120-128.

[110] Zum Schlagwort „Gelbe Gefahr" siehe die ausführliche Studie von Heinz Gollwitzer: Die gelbe Gefahr. Geschichte eines Schlagworts. Studien zum imperialistischen Denken, Göttingen 1962.

[111] Die vom sogenannten „Weltmarschall" von Waldersee kommandierten Truppen setzten sich zusammen aus amerikanischen, britischen, deutschen, französischen, italienischen, japanischen, österreichisch-ungarischen und russischen Einheiten. Zur Geschichte des Boxeraufstandes siehe u.a.: Diana Preston: Re-

abschiedung des Korps in Bremerhaven hat bis heute ihren Nachhall[112]. Waldersee traf allerdings erst über einen Monat nach der Einnahme Pekings durch ad hoc gebildete Truppen der Verbündeten in China ein. Dennoch gingen vor allem die deutschen Soldaten unter seiner Führung in den Nachhutgefechten äußerst brutal gegen die Chinesen vor und raubten zudem allerhand Kunstgegenstände[113]. Von sowjetischen Historikern wurde Waldersee deshalb als ein „echter Vorläufer der deutsch-faschistischen Barbaren"[114] bezeichnet.

---

bellion in Peking. Die Geschichte des Boxeraufstands, München 2001; Victor Purcell: The Boxer Uprising. A Background Study, Cambridge 1963.

[112] Die „Hunnenrede" ist ein elementares Zeitdokument, nicht nur in Bezug auf die deutsch-chinesischen Beziehungen der Zeit. Deshalb wird ihre Schlüssel-passage hier beigefügt: „Kommt ihr vor den Feind, so wird er geschlagen, Pardon wird nicht gegeben; Gefangene nicht gemacht. Wer Euch in die Hand fällt, sei in Eurer Hand. Wie vor tausend Jahren die Hunnen unter ihrem König Etzel sich einen Namen gemacht, der sie noch heute in der Überlieferung gewaltig erscheinen lässt, so möge der Name Deutschland in China in einer solchen Weise bekannt werden, daß niemals wieder ein Chinese es wagt, etwa einen Deutschen auch nur scheel anzusehen."[112] Zit. in: Horst Gründer (Hrsg.): »... da und dort ein junges Deutschland gründen«. Rassismus, Kolonien und kolonialer Gedanke vom 16. bis zum 20. Jahrhundert, München 1999, S. 168, Nr. 52.

[113] Max von Brandt sah im Boxeraufstand nicht zuletzt aufgrund des brutalen Vorgehens von Waldersee schon den Anfang für einen Kampf der Kulturen, lange bevor Samuel P. Huntington diesen heute so populären Begriff prägte: „Noch sind die Augen der ganzen civilisirten Welt auf den ersten Akt des Kampfes gerichtet, der im fernsten Osten zwischen der modernen Cultur der christlichen Völker und der uralten heidnischen Civilisation China's entbrannt ist, und schon zwingt uns ein furchtbares Ereigniss, an die eigene Brust zu greifen und uns zu fragen, wie weit wir berechtigt sind, uns als die Träger der wahren Bildung zu betrachten und in ihrem Namen das zu vernichten, was Jahrtausende geschont haben." Zit. nach: Roman Luckscheiter: Konkurrenz der Kulturen. Chinas Präsenz in deutschen Kulturzeitschriften um 1900, in: Neue Züricher Zeitung, Jg. 226 (2005), Nr. 66, S. 48.

[114] J.M. Shukow u.a.: Die internationalen Beziehungen im Fernen Osten (1870-1945), Berlin (Ost) 1955, S. 99.

Auch Kiautschou wurde, wie oben ausgeführt, zum Ausgangspunkt für Strafaktionen in der Provinz Shantung. Dort hatte sich die Wut der Boxer vor allem gegen die deutschen Missionare der Steyler Mission und die Aktivitäten der „Schantung-Eisenbahn-Gesellschaft" gerichtet. Dem 1899 eingesetzten chinesischen Provinzgouverneur Yüan Shih-k'ai aber gelang es, die Boxerbewegung in Shantung unter Kontrolle zu bekommen, so dass die Maßnahmen des III. Seebataillons im Verein mit der Chinesenkompanie in der Umgebung der Kolonie[115] weitestgehend auf die Besetzung der Stadt Kiautschou beschränkt blieben. Nennenswert sind noch zwei Expeditionen nach Tsimo, nördlich von Tsingtau, und Kaomi, nordwestlich der Stadt Kiautschou.[116] Nach der erfolgreichen Niederschlagung

---

[115] Das heißt innerhalb der im Pachtvertrag vereinbarten 50 km tiefen „neutralen Zone" im Umkreis der Kiautschou-Bucht, in der sich deutsche Truppen ohnehin regulär bewegen durften. Vgl. Anhang Nr. 10; Huguenin, S. 106-112; Herbert von Kleist: Die Kämpfe des III. Seebataillons während der Wirren 1900/01, Tsingtau o.J., S. 38-44.

[116] Walther Beckmann: Unsere Kolonien und Schutztruppen. Das Ehrenbuch der Überseekämpfer, Berlin 1933, S. 30-40; Gründer, Geschichte, S. 192-197; Leutner, S. 490-493; Ratenhof, S. 155f. u. 161f.; John E. Schrecker: Imperialism and Chinese Nationalism. Germany in Shantung, Cambridge 1971, S. 85-103 u. 130-139; Zhu Maoduo: Deutsche Truppeneinsätze in Shandong nach dem Abschluss des „Jiaoao-Pachtvertrags", in: Deutschland und China. Beiträge des Zweiten Internationalen Symposiums zur Geschichte der deutsch-chinesischen Beziehungen. Berlin 1991, hrsg v. Kuo Heng-yü u. Mechthild Leutner, München 1994, S. 309-332, hier S. 320-331. Zum Einsatz des III. Seebataillons während der Boxerunruhen allgemein siehe: Huguenin, S. 73-112; Die Kaiserliche Marine während der Wirren in China 1900-1901, hrsg. v. Admiralstab der Marine, Berlin 1903, S. 202-211; Kleist, S. 1-44. In den Städten Kiautschou und Kaomi blieben Abteilungen des III. Seebataillons noch bis Anfang 1906 stationiert. Erst wenige Monate vor dem Abzug war in einem Abkommen mit der Provinzregierung endlich vereinbart worden, dass fortan chinesische Truppen den Schutz der Eisenbahnlinie und der Europäer in der 50 km tiefen „neutralen Zone" im Umkreis der Kiautschou-Bucht übernehmen sollten. Vgl. Huguenin, S. 113-127; Anm. 142.

der Boxerbewegung in Shantung durch Yüan Shih-k'ai änderte sich das Verhältnis zwischen der deutschen Kolonialverwaltung in Tsingtau und der Provinzverwaltung in Tsinanfu. So kam es beispielsweise zu einer Institutionalisierung der Beziehungen im März 1900[117], und sogar zur Einrichtung eines deutschen Konsulates in Tsinanfu drei Jahre später – obwohl nach den „Ungleichen Verträgen" Konsulate eigentlich nur in geöffneten Häfen eingerichtet werden durften. Über diese neuen Kommunikationskanäle wurden hauptsächlich Fragen in Bezug auf den Eisenbahnbau und Bergbau deutscher Unternehmen in der Provinz geklärt.[118]

Schließlich beendete das Boxerprotokoll vom September 1901 den Chinafeldzug. Darin wurde festgelegt, dass China unter anderem eine hohe Kriegsentschädigung an die alliierten Mächte zahlen und eine „Sühnemission" (unter dem Prinzen Ch'un) nach Deutschland entsenden musste[119]. Dass China nicht im Zuge des Boxeraufstandes unter den Großmächten vollständig aufgeteilt wurde, verdankt es in erster Linie deren Rivalität.[120]

---

[117] Leutner, S. 321f., Nr. 89.

[118] Ebd., S. 309ff. u. 493ff.; Mühlhahn, Herrschaft, S. 113-134; Schrecker, S. 111-130.

[119] Die exponierte Rolle des Deutschen Reiches im Boxeraufstand und die Auflagen des Boxerprotokolls, besonders der enorme Gesichtsverlust, der China durch die Sühnemission zugefügt wurde, haben Deutschland einen nachhaltigen Prestigeverlust beim chinesischen Volk eingebracht. Vgl. Gründer, Geschichte, S. 196f.

[120] Herbert Butz: Kniefall und Geschenke: Die Sühnemission des Prinzen Chun in Deutschland, in: Tsingtau. Ein Kapitel deutscher Kolonialgeschichte in China 1897-1914, hrsg. v. Hans-Martin Hinz u. Christoph Lind, Berlin 1998, S. 173-180; Stingl, Bd. 1, S. 331ff.

Der „Sühneprinz" Ch'un wurde in Deutschland wie ein Staatsgast empfangen und herumgeführt, wobei man ihn von der Fortschrittlichkeit des Deutschen Reiches vor allem auf technischem Gebiet zu überzeugen vermochte, wie schon einige Jahre zuvor Li Hung-chang[121]. Möglicherweise waren Ch'uns positive Eindrücke maßgeblich für die prodeutsch ausgerichtete Außenpolitik Chinas nach dem Boxeraufstand. Um China und ihren Thron zu retten, entschloss sich die Kaiserin-Witwe Tz'u-hsi jedenfalls in den darauf folgenden Jahren, das chinesische Kaiserreich – weitgehend orientiert am deutschen Modell – zu reformieren; trotz und wegen dieser Bemühungen aber stürzte die Monarchie schließlich doch im Jahre 1911.[122]

---

[121] Li Hung Tschang: Memoiren des Vizekönigs Li Hung Tschang, Berlin 1915, S. 125-134. Li Hung-chang reiste 1896 als Sonderbotschafter des chinesischen Kaisers zur Krönung des russischen Zaren Nikolaus II. nach Moskau und anschließend weiter durch verschiedene europäische Staaten und die USA. In Deutschland traf er unter anderem mit Bismarck und Friedrich Alfred Krupp zusammen. Nach seiner Rückkehr nach China Ende 1896 wurde er zum Minister des Tsungli Yamen (Behörde für auswärtige Angelegenheiten) ernannt.

[122] Butz, S. 175ff.; Leutner, S. 493ff.; Ratenhof, S. 167-176. Zur chinesischen Reformpolitik von 1901 bis 1911 siehe: John K. Fairbank, Denis Twitchett (Hrsg.): The Cambridge History of China, Bd. 10 u. 11: Late Ch'ing, 1800-1911, Cambridge 1978-1980, Bd. 11, S. 375-415.

5.3 Kolonialwirtschaftliche Pläne, Ziele und Realitäten

Seit der erzwungenen Öffnung von Binnenhäfen am Yangtse, „der großen Lebensader Chinas"[123], durch den Vertrag von Tientsin 1858 hatte sich der Handel in dieser Region prächtig entwickelt, auch der deutsche Chinahandel. Um sich eine dortige Einflusssphäre zu sichern, hatte es im Vorfeld der Okkupation Kiautschous Bestrebungen gegeben, die Hafenstadt Amoy (das heutige Xiamen), der Insel Formosa gegenüber, zu besetzen. Weil die Reichsleitung aber die Reaktion der militärisch überlegenen Briten auf ein solches Vorgehen fürchtete, etwa die Besetzung des Yangtsetals, war die Entscheidung schließlich auf die Kiautschou-Bucht gefallen. Zwar war die Besitzergreifung Kiautschous in deutschen Wirtschaftskreisen sehr positiv aufgenommen worden, da ein deutscher Stützpunkt in China Rückendeckung und Profite für die eigenen Geschäfte zu verheißen schien, aber am Yangtse waren die Aussichten kurzfristig wesentlich besser. Schnell richtete sich das Hauptaugenmerk der Kaufleute deshalb wieder auf diese Region. Ihren Forderungen nach mehr Engagement von staatlicher Seite in China auch außerhalb von Kiautschou und Shantung wurde zumindest dahingehend stattgegeben, dass der Einstieg des „Norddeutschen Lloyd" und der „Hamburg-Amerikanischen-Packetfahrt-Actien-Gesellschaft" (HAPAG) in die chinesische Küstenschifffahrt um die Jahrhundertwende staatlich unterstützt und damit die beherrschende Stellung der Briten auf diesem Sektor gebrochen

---

[123] Berichte über Chinesische Handels-Verhältnisse, hrsg. v. Königlich Dänischen Ministerium, Hamburg 1865, S. 10.

wurde[124]. Die nun stetig wachsende wirtschaftliche Konkurrenz und die infolge des Kiautschou-Vertrages ohnehin
schon restriktive britische Wirtschaftspolitik im Yangtsebecken aber belasteten das deutsch-britische Verhältnis
zunehmend. Während der Boxerunruhen bot sich für das
Deutsche Reich die Möglichkeit, weitere Gebiete in Shantung zu besetzen, nicht zuletzt weil Großbritannien durch
den Burenkrieg militärisch gebunden war. Warum dieser
Schritt hin zu einer vollständigen Aufteilung Chinas unter
den Großmächten vom Deutschen Reich nicht gemacht
wurde, veranschaulicht in besonders guter Weise ein Schrei-
ben von Tirpitz an Wilhelm II. vom August 1900:

„Es empfiehlt sich auch vom größerpolitischen Standpunkte aus nicht,
uns den Anschein zu geben, als ob wir in der Provinz Schantung weiter
um uns greifen wollten. Andere Theile Chinas, vor allem das Yangtse-
gebiet, sind für den deutschen Handel viel wichtiger; die Politik der
offenen Thür ist für seine Förderung das einzig Richtige. England würde
uns Schantung gern überlassen, wenn wir dafür auf den Yangtse ver-
zichten wollten[125]. Wir müssen unseren politischen Einfluß in ganz China
ausbreiten und dürften uns nicht auf diese kleine Ecke beschränken lassen.
Schantung wird uns später sowieso als reife Frucht in den Schoß fallen,
deshalb brauchen wir jetzt nicht die Hände danach auszustrecken." [126]

Das deutsch-britische Yangtse-Abkommen vom 16. Okto-
ber 1900 besiegelte schließlich diese politischen Absichten

---

[124] Glade, S. 89f.; Korff, S. 332-340; Kürchhoff, S. 455f.; Ratenhof, S. 192f.; Georg
Schultze-Bahlke: Die deutsche Handelsflagge in Ostasien, in: Die Flotte, Jg. 16 (1913),
Nr. 9, S. 152-155, hier S. 153f.

[125] Großbritannien betrachtete das Yangtsebecken „seit 1898 für den Fall einer Auflösung des [chinesischen] Reiches als seine Interessensphäre". Zitat aus: Conrad Bornhak: Die Kriegsschuld. Deutschlands Weltpolitik 1890-1914, Berlin 1929, S. 222.

[126] Zit. nach: Stingl, Bd. 1, S. 334f. Zum strategischen Rahmenkonzept der Tirpitzschen Flottenpolitik allgemein siehe die entsprechenden Ausführungen in Kapitel 5.1.

formal und bewahrte somit die territoriale Integrität Chinas[127]. Zwar gab es von deutscher Seite weiterhin Befürchtungen, die Briten könnten das Yangtsetal für sich vereinnahmen – auch deshalb fuhren deutsche Kriegsschiffe vom Frühjahr 1901 bis zum Ausbruch des Ersten Weltkrieges regelmäßig Patrouille auf dem Yangtse[128] – aber die rivalisierenden Interessen der anderen Großmächte verhinderten in den darauf folgenden Jahren, dass China vollständig aufgeteilt und die „Offene Tür" geschlossen wurde. Die Handelsaktivitäten deutscher Kaufleute am Yangtse blieben bis zum Ersten Weltkrieg eine wichtige Stütze des deutschen Chinahandels.[129]

Neben den Bemühungen um die deutschen Wirtschaftsinteressen im Yangtsebecken konzentrierten sich die Ambitionen des Deutschen Reiches in China nach 1897 vor allem auf die wirtschaftliche Durchdringung der Provinz Shantung. Kiautschou war, wie oben ausgeführt, von An-

---

[127] Michael Behnen (Hrsg.): Quellen zur deutschen Außenpolitik im Zeitalter des Imperialismus 1890-1911, Darmstadt 1977, S. 250, Nr. 124; Bornhak, S. 222-228; Ratenhof, S. 164f.; Stingl, Bd. 1, S. 332-337; Winzen, S. 90-93. Nach Mommsen war der Yangtse-Vertrag „zwar nach Inhalt und Bedeutung eher mager", gleichwohl aber „signalisierte das Abkommen, dass das Deutsche Reich nun endgültig den Rang einer Weltmacht erlangt hatte". Wolfgang J. Mommsen: War der Kaiser an allem Schuld? Wilhelm II. und die preußisch-deutschen Machteliten, Berlin 2005, S. 106. Allerdings wurde das Abkommen schon im März 1901 von deutscher Seite faktisch aufgekündigt. Siehe dazu: Mommsen, Großmachtstellung, S. 155ff.

[128] Die Patrouillenfahrten auf dem Yangtse dienten vornehmlich dazu, Flagge zu zeigen und den deutschen Handel, die deutschen Kaufleute und die deutschen Diplomaten im Yangtsetal zu schützen sowie die deutschen (wirtschaftlichen) Interessen in der Region zu vertreten und zu fördern. Vgl. Cord Eberspächer: Die deutsche Yangtse-Patrouille. Deutsche Kanonenbootpolitik in China im Zeitalter des Imperialismus 1900-1914, Bochum 2004, S. 133-330.

[129] Ratenhof, S. 146-168; Schrecker, S. 130-143; Stingl, Bd. 1, S. 293-301 u. Bd. 2, S. 439-449. Zur Entwicklung des deutsch-chinesischen Handels von 1890-1913 allgemein siehe: Anhang Nr. 8.

fang an nicht als Siedlungs-, sondern ausschließlich als Handelskolonie und Flottenstation konzipiert. Die europäische Bevölkerung gliederte sich im Wesentlichen in ausgewählte Wissenschaftler und Spezialisten, außerdem Kaufleute und Soldaten, die meist nur kurze Zeit im Schutzgebiet weilten[130]. „Das Pachtgebiet sollte nichts als ein Sprungbrett für unseren Handel, eine Brücke für friedlichen Verkehr ins Reich der Mitte sein"[131] – zumindest solange, bis die Schlachtflotte gegen Großbritannien fertig gestellt war.

Nach Tirpitz' Vorstellungen sollte Kiautschou zur Drehscheibe des deutsch-chinesischen Handels werden. Für den Admiral war eine prosperierende wirtschaftliche Entwicklung des Schutzgebietes der bestimmende Maßstab für den Erfolg seines kolonialen Projektes. Aus Tirpitz' Sicht war der ökonomische Erfolg entscheidend sowohl für seine bereits erläuterten Ambitionen in der Marinepolitik als auch für die Autarkie der Kolonie. Die Rentabilität oder vielmehr die Profitabilität Kiautschous sollte sein Fortbestehen sichern und seinen Nutzen für Deutschland, vor allem für die deutsche Wirtschaft, dokumentieren. Um dieses Ziel zu erreichen, wurde Kiautschou im September 1898 zum Freihafengebiet erklärt, so dass Handelsschiffe aller Nationen unbeschränkt Waren ausladen und aufnehmen konnten. Das kurz zuvor geschaffene Seezollamt unter deutscher Leitung garantierte dieses Regelung. Zoll wurde nur auf Waren erhoben, die vom Ausland über Kiautschou ins chinesische Hinterland eingeführt oder entsprechend umgekehrt ausgeführt wurden. Alle für die Kolonie bestimm-

---

[130] Leutner, S. 45.

[131] Otto von Gottberg: Die Helden von Tsingtau, Berlin u. Wien 1915, S. 178.

ten Waren genossen Zollfreiheit mit dem Ziel, Investitionen und Unternehmensansiedlungen zu fördern. Außerdem galt im ganzen Schutzgebiet Gewerbefreiheit, das heißt jegliche kommerzielle und industrielle Unternehmung war in Kiautschou erlaubt. Die von Tirpitz eingesetzten Gouverneure hatten seine wirtschaftspolitischen Vorstellungen und Konzepte aktiv umzusetzen oder sie wurden abgelöst. Dieses Schicksal traf beispielsweise den ersten Gouverneur, Carl Rosendahl, bereits nach wenigen Monaten.[132]

Trotz all dieser Maßnahmen und Freiheiten siedelten sich aber nur wenige große, moderne Industriebetriebe in Kiautschou an. Abgesehen von einigen Im- und Exportfirmen sowie der „Schantung-Eisenbahn-Gesellschaft" (SEG) und der „Schantung-Bergbau-Gesellschaft" (SBG), auf die an späterer Stelle noch näher eingegangen wird, waren es in erster Linie staatliche Betriebe wie etwa die Marinewerft und das Schlachthaus[133], weil keine privaten Investoren gefunden wurden. Für die Errichtung und den Betrieb der Elektrizitätswerke konnte zwar ein privates Unternehmen gewonnen werden, allerdings ging dieses bereits im Jahre 1901 in Konkurs, so dass hier ebenfalls von staatlicher Seite ausgeholfen werden musste. Auch andere größere Unternehmen fallierten rasch, beispielsweise die „Deutsch-Chinesische-Seiden-Industrie-Gesell-

---

[132] Leutner, S. 345-348 u. 352f., Nr. 97; Schrameier, Verwaltung, S. 153-203; Schrecker, S. 73-78; Hans-Christian Stichler: Das Gouvernement Jiaozhou und die deutsche Kolonialpolitik in Shandong 1897-1909. Ein Beitrag zur Geschichte der deutsch-chinesischen Beziehungen, (Diss.) Berlin (Ost) 1989, S. 116-123; Zhu, Wirtschaft, S. 278.

[133] Das Schlachthaus wurde zwar von einem Privatunternehmen aufgebaut, dann jedoch im Jahre 1904 von der Kolonialadministration übernommen, ausgebaut und erst 1906 in Betrieb genommen. Vgl. Zhu, Wirtschaft, S. 283; siehe auch: Seelemann, S. 192-200.

schaft" (1902-1909)[134]. Einer der wenigen größeren, profitabel produzierenden Gewerbebetriebe war die 1903 gegründete „Germania-Brauerei", die „ihr nach Pilsener und Münchner Art gebrautes Bier nach allen Plätzen Chinas und Japans, ja bis Wladiwostok"[135] versandte und bis heute als „Tsingtao Beer Company" fortbesteht[136]. Daneben gab es auch Filialen der traditionellen deutschen Chinahandelshäuser (wie etwa „Carlowitz & Co." und „Siemssen & Co."), der Deutsch-Asiatischen Bank[137] und der HAPAG, die gute Geschäfte in Tsingtau machten, außerdem einiges Kleingewerbe.[138]

Für die Entwicklung Kiautschous und insbesondere des deutsch-chinesischen Handels in Shantung wurde die rasche Fertigstellung der im Pachtvertrag vereinbarten

---

[134] Siehe dazu: Ernst Ohlmer: Tsingtau, sein Handel und sein Zoll-System. Ein Rückblick auf die Entwicklung des Deutschen Schutzgebietes Kiautschou und seines Hinterlandes in dem Jahrzehnt von 1902-1911, o.O. [Tsingtau] 1913, S. 23f.; Seelemann, S. 284-288.

[135] Weicker, S. 68.

[136] Siehe u.a.: Biener, S. 127f.; Johnny Ehrling: Prost Tsingtao!, in: Die Welt, Jg. 58 (2003), Nr. 190, S. 16.

[137] Die Deutsch-Asiatische Bank erhielt 1906 das Recht zur Ausgabe von Banknoten in Kiautschou, die im darauf folgenden Jahr als offizielle Zahlungsmittel eingeführt wurden. Vgl. Michael Kunzel: Deutsche Dollars für Tsingtau, in: Tsingtau. Ein Kapitel deutscher Kolonialgeschichte in China 1897-1914, hrsg. v. Hans-Martin Hinz u. Christoph Lind, Berlin 1998, S. 137-142; Maximilian Müller-Jabusch: Fünfzig Jahre Deutsch-Asiatische Bank 1890-1939, Berlin 1940, S. 215-219.

[138] Wolfgang Bauer: Tsingtau 1914 bis 1931. Japanische Herrschaft, wirtschaftliche Entwicklung und die Rückkehr der deutschen Kaufleute, München 2000, S. 28ff. u. 201; Leutner, S. 348; Mühlhahn, Herrschaft, S. 143-146; Schrecker, S. 225ff.; Seelemann, S. 267-301; Weicker, S. 136-173; Zhu, Wirtschaft, S. 283-286. Neben deutschen siedelten sich auch zahlreiche chinesische Firmen in Kiautschou an. Dabei handelte es sich meist um kleingewerbliche Handwerks- und Landwirtschaftsbetriebe. Vgl. Berensmann, S. 601-605.

Eisenbahnlinie von Tsingtau nach Tsinanfu, dem wirtschaftlichen und politischen Zentrum der Provinz, erachtet (Shantung-Bahn)[139]. Gleiches galt für die geplante Tientsin-P'ukow-Bahn, die Shantung und Kiautschou mit dem Yangtsetal verbinden sollte. Durch ihre erst späte Fertigstellung im Jahre 1912 konnte sie ihr volles Potential kaum entfalten[140]. Wie beim Eisenbahnbau versprachen auch die Sonderrechte beim Bergbau innerhalb eines 15 km breiten Streifens entlang der Bahnstrecken sicheren Profit, weshalb sich viele Unternehmen um die Vergabe der entsprechenden Konzessionen bemühten. Schließlich wurden diese Konzessionen vom dafür zuständigen Auswärtigen Amt an ein von der Deutsch-Asiatischen Bank dominiertes Syndikat vergeben, das darauf im Juni 1899 die SEG und die SBG gründete. Entgegen den Vereinbarungen im Pachtvertrag wurde ohne ein Zusatzabkommen mit dem Bau der Shantung-Bahn begonnen – und zwar bereits im

---

[139] Man war der Ansicht, der Hauptwert der Shantung-Bahn würde darin liegen, „daß sie verschiedene Kohlenfelder mit dem Hafen von Tsingtau verbindet, so: Weihsiën, Poschan, Putschi, Putsuën. Sodann, daß sie die gewinnverheißende Ausnutzung der Eisenerzlager, die sie berührt, ermöglicht, daß sie Seidenmärkte, wie Tschoutsun, Tsingtschoufu, Industriegebiete, wie das Poschan-Tal, viele Handelsstädte mit Tsingtau verknüpft; daß sie Tsinanfu, die bedeutendste Stadt der Provinz, in nähere Beziehung zum deutschen Pachtgebiet bringt; daß sie Einfluß auf den Hoangho- und Kanalhandel verschafft u.a.m." Berensmann mutmaßte sogar, „daß mit der Eröffnung des Eisenbahnbetriebes in Schantung eine neue, wirtschaftlich bedeutende Ära beginnt". Zitate aus: Berensmann, S. 625. Im Kiautschou-Vertrag waren auch Konzessionen für zwei weitere Bahnstrecken festgeschrieben worden (II. Teil, Artikel I), der Bau der Strecke Tsingtau-Weihsien-Tsinanfu hatte aber zunächst Priorität. Vgl. Anhang Nr. 10.

[140] Siehe Vera Schmidt: Die deutsche Eisenbahnpolitik in Shantung 1898-1914. Ein Beitrag zur Geschichte des deutschen Imperialismus in China, Wiesbaden 1976, S. 110-135; Stingl, Bd. 2, S. 385-401; siehe auch: Fritz Secker: Zwischen Yangtse und Peiho. Reiseeindrücke und wirtschaftliche Studien, Tsingtau o.J. [1913], S. 63-67.

September 1899. Durch den Boxeraufstand kam es zu einem vorrübergehenden Baustopp, und in der Folge gelang es dem Provinzgouverneur Yüan Shih-k'ai, das von ihm permanent eingeforderte Zusatzabkommen mit den Unternehmen abzuschließen; der SEG und SBG wurden darin bestimmte betriebliche und bauliche Verpflichtungen auferlegt[141]. Für Yüan Shih-k'ai selbst war dieses Abkommen ein großer politischer Erfolg, der seinen Aufstieg bis zum ersten Präsidenten der chinesischen Republik (1912-1916) ermöglichte, denn er hatte der chinesischen Politik beispielhaft einen Weg aufgezeigt, dem ökonomischen Vordringen der Großmächte zu begegnen; daraus entwickelte sich eine regelrechte Bewegung mit dem Ziel, die deutschen Sonderrechte aufzuheben. Durch umfangreiche Schutzmaßnahmen des III. Seebataillons, und – außerhalb der deutschen Einflusssphäre – durch chinesische Polizei[142], konnte der Bau der Eisenbahnlinie schließlich bis Anfang Juni 1904 abgeschlossen werden. Weder die neue Bahnstrecke noch der Bergbau entlang der Trasse brachten jedoch den erwünschten Profit. Der Personenverkehr entwickelte sich zwar recht gut. Aber die Gütertransporte blieben hinter den Erwartungen zurück[143], weil man die

---

[141] Zum Boxeraufstand in Shantung und dessen Auswirkungen auf das regionale deutsch-chinesische Verhältnis siehe die entsprechenden Ausführungen in Kapitel 5.2; siehe außerdem: Stichler, S. 144-168. Zu den Bestimmungen des Zusatzabkommens, den sogenannten Bergbau- und Eisenbahnregulativen, siehe: Leutner, S. 385 u. 400-405, Nr. 113.

[142] Im Jahre 1903 wurden die Polizeikräfte durch eine speziell ausgebildete chinesische Bahnpolizei abgelöst, die nach dem Abzug des III. Seebataillons aus der 50 km tiefen „neutralen Zone" Anfang 1906 auch dort die Sicherung der Bahn übernahm. Vgl. Schmidt, S. 86.

[143] Während ihrer Betriebszeit betrugen die Einnahmen der deutschen Shantung-Bahn aus dem Personenverkehr zwischen 20% und 25%, aus dem Güterverkehr

Kohleförderung aus den Bergwerken überschätzt hatte[144]; außerdem nutzten die einheimischen Händler aufgrund der relativ hohen Tarife lieber weiterhin ihre billigeren traditionellen Transportmittel[145]. Erst ab 1908 kam der Gütertransport richtig in Schwung und hatte dementsprechend kräftige Zuwachsraten, was in erster Linie auf die ertragreiche Kohleförderung im kurz zuvor erschlossenen Abbaugebiet bei Poshan, östlich von Tsinanfu, zurückzuführen ist.[146]

Das deutsche Bergbaugeschäft in Shantung an sich aber wurde ein totales Fiasko. Die ab 1902 im Fangtse-Revier (bei Weihsien) geförderte Kohle war von schlechter Qualität und ließ sich nur schwer absetzen. Auch die Kohle

---

zwischen 68% und 78% der Gesamteinnahmen. Zu den wichtigsten Ausfuhrgütern aus Shantung zählten neben Kohle Seide, Bohnen, Nüsse, Obst, Öl und Strohborten. Eingeführt wurden in erster Linie Baumwolle, Maschinen, Metalle und Petroleum. Von 1909-1912 füllten auch Eisenbahnmaterialien für den Bau der Tientsin-P'ukow-Bahn große Transportvolumina aus. Vgl. Heinrich Betz: Die wirtschaftliche Entwicklung der Provinz Schantung seit der Eröffnung Tsingtaus (1898-1910), Tsingtau 1911, S. 18-50; Biener, S. 117-123; Bökemann, Wirtschaft, Nr. 2, S. 94-98 u. Nr. 3, S. 126; Schmidt, S. 90-94.

[144] Vor allem die Ausführungen Richthofens über große Kohlevorkommen in Shantung führten zu dieser Fehleinschätzung. Vgl. Schmidt, S. 101; Schrameier, Grundlagen, S. 26f.; siehe außerdem: Richthofen, China, Bd. 2, S. 184-211; Richthofen, Schantung, S. 122-125, 166-210 u. 281-290.

[145] Die wichtigsten traditionellen Transportmittel waren Schiebekarren, Fuhrwerke, Lasttiere und Dschunken. Vgl. Berensmann, S. 620ff.; Klaus Mühlhahn: Deutsche Vorposten im Hinterland: Die infrastrukturelle Durchdringung der Provinz Schantung, in: Tsingtau. Ein Kapitel deutscher Kolonialgeschichte in China 1897-1914, hrsg. v. Hans-Martin Hinz u. Christoph Lind, Berlin 1998, S. 146-158; hier S. 151f.

[146] Betz, S. 11-17; Bauer, S. 28ff.; Gründer, Geschichte, S. 195-199; Leutner, S. 381-387; Mühlhahn, Vorposten, S. 146-152; Müller-Jabusch, S. 128-153; Schmidt, S. 65-100; Schrecker, S. 104-124 u. 171-191. Eine interessante und anschauliche Beschreibung der Shantung-Bahn und ihrer Umgebung enthält: Die Schantung-Bahn und das von ihr erschlossene Gebiet. Eine Reisebeschreibung, Tsingtau 1912.

aus dem 1904 eröffneten Berwerk Hungshan war von relativ schlechter Qualität. Nur ein Revier entlang der 410 km langen Trasse der Shantung-Bahn, bei Poshan, welches erst 1907 erschlossen wurde, lieferte qualitativ gute Kohle, die nicht nur in Tsingtau, sondern sogar in Tientsin und Shanghai verkauft werden konnte. Aber die große chinesische Konkurrenz der bereits Jahrhunderte bestehenden regionalen Kohleproduktion, deren Gruben vertragsgemäß auch entlang der deutschen Bahnlinien bestehen bleiben durften, machten der SBG und einer weiteren Firma, der chinesischerseits durch langwierige Verhandlungen geschickt übervorteilten „Deutschen Gesellschaft für Bergbau und Industrie im Auslande" (DGBIA)[147], schwer zu schaffen und trieben sie schließlich in den Bankrott. Die DGBIA gab ihre Konzessionen zum Kohleabbau im Jahre 1909 an China zurück, die SBG drei Jahre später. [148]

Nach teilweise erfolgreicher Eindämmung des deutschen Eisenbahnbaus in Shantung[149] und der Zollreform im Schutzgebiet im Jahre 1905[150] war der Verkauf der deutschen Bergbaukonzessionen ein weiterer wichtiger Erfolg für die auf Annullierung der deutschen Sonderrechte in Kiautschou und Shantung hinwirkende chinesische Bewe-

---

[147] Siehe Leutner, S. 389; Schrecker, S. 191-199. Die im Jahre 1900 gegründete DGBIA besaß Bergbaukonzessionen in Süd-Shantung.

[148] Betz, S. 57-63; Rainer Falkenberg: Der Kohlenbergbau in Boshan-xian, Shandong, im ersten Drittel des 20. Jahrhunderts, Bonn 1984, S. 34-41; Gründer, Geschichte, S. 199ff.; Leutner, S. 387-391; Mühlhahn, Vorposten, S. 152-156; Ohlmer, S. 20ff., Schmidt, S. 101-109; Weicker, S. 143-149.

[149] Siehe Mühlhahn, Vorposten, S. 155f.; Schmidt, S. 136-140; Stingl, Bd. 2, S. 709-716.

[150] Siehe S. 65ff.

gung, der vor allem durch die Modernisierung der alten chinesischen Bergwerke – mit Hilfe kräftiger staatlicher Unterstützung – erreicht wurde. Von „primitiven Fördereinrichtungen der Chinesen" mit „einer sehr langsamen Förderung"[151] konnte am Vorabend des Ersten Weltkrieges jedenfalls keine Rede mehr sein.[152]

Doch nicht nur in Bezug auf die wirtschaftliche und infrastrukturelle Durchdringung der Provinz Shantung und die Ansiedlung von moderner Industrie war die Entwicklung Kiautschous als Handels- und Wirtschaftszentrum enttäuschend, dasselbe galt auch für den Handel mit dem chinesischen Hinterland. Die Provinz war nicht so entwickelt wie etwa die Regionen um Hongkong und Shanghai; teure europäische Waren konnten nicht in dem Maße abgesetzt werden, wie man es sich auf deutscher Seite ausgerechnet hatte. Die regionale Bevölkerung verfügte einfach nicht über die nötigen finanziellen Mittel. Nach dem Boxeraufstand litt der gesamte deutsche Chinahandel ohnehin an Einbußen, was nicht nur an der exponierten Rolle des Deutschen Reiches während der Unruhen und am erwachenden chinesischen Nationalgefühl lag, sondern auch an der stetig wachsenden ausländischen, vor allem japanischen Konkurrenz.[153]

Unmittelbar nach dem Boxeraufstand war der japanische Einfluss in China stark angestiegen und der Einfluss der europäischen Mächte, vor allem Deutschlands, entsprech-

---

[151] Zitate aus: Berensmann, S. 612.

[152] Eine ausführliche Darstellung des Wirtschaftskrieges zwischen Deutschland und China in Shantung von 1898 bis 1914 enthält: Mühlhahn, Herrschaft, S. 112-184.

[153] Berensmann, S. 656-663; Leutner, S. 348; Ratenhof, S. 179f.

end zurückgegangen. Wie bereits ausgeführt, begann aber das chinesische Kaiserhaus nach 1901 mit weitreichenden Reformen, orientiert am deutschen Modell. Das kam schließlich auch der deutschen Rüstungsindustrie zugute, die schon zwei Jahre später wieder an die Verkaufserfolge der 1890er Jahre anknüpfen konnte. Der russisch-japanische Krieg 1904/05 verstärkte diesen Aufschwung. Aber nach dem japanischen Sieg, durch den das Reich der aufgehenden Sonne in den Augen vieler Zeitgenossen „das Zarenreich in der Vormachtstellung im Fernen Osten abgelöst"[154] hatte, und der damit einhergehenden Verstärkung panasiatischer Strömungen in China brach der deutsche Waffenhandel umso dramatischer ein. Die Enttäuschung darüber war, auch angesichts der nicht erwartungsgemäß verlaufenden wirtschaftlichen Entwicklung Kiautschous, sowohl bei der politischen als auch der militärischen Führung und den Kaufleuten groß.[155]

Nach der Fertigstellung der Shantung-Bahn 1904 und der Hafenanlagen[156] zwei Jahre später wuchs der wirtschaftliche Erfolgsdruck auf die Kolonialadministration in Kiautschou. Schon 1903 hatte es Vorschläge der Zollamtsleitung des Schutzgebietes gegeben, das bestehende Zollsystem zu ändern. Durch den Vorschlag, die Zollfrei-

---

[154] Constantin von Zepelin: Der Ferne Osten. Seine Geschichte, seine Entwicklung in der neuesten Zeit und seine Lage nach dem russisch-japanischen Kriege, 3 Bde., Berlin 1907-1911, Bd. 1, S. 33.

[155] Ratenhof, S. 169-185; Stingl, Bd. 2, S. 409-431.

[156] Der Tsingtauer Hafen war seinerzeit der bestausgestattete und modernste in ganz Ostasien. Vgl. Zhu, Wirtschaft, S. 279f. Eine ausführliche und anschauliche Beschreibung des Hafens und seiner Anlagen enthält: Bökemann: Der Hafen von Tsingtau, in: Koloniale Monatsblätter. Zeitschrift für Kolonialpolitik, Kolonialrecht und Kolonialwirtschaft, Jg. 16 (1914), Nr. 8, S. 361-385, hier S. 363-376.

heit nur auf den Hafen zu beschränken anstatt weiterhin für das ganze Schutzgebiet gelten zu lassen, beabsichtigte man, den bislang an Tsingtau vorbeigeleiteten chinesischen Handel in der Kiautschou-Bucht anzuziehen und den florierenden, stark schädigenden Schmuggel[157] einzudämmen. Das hätte zwar die privilegierte Stellung der wenigen großen deutschen Firmen, allen voran die SEG und SBG, getroffen – diese versuchten auch, die Umsetzung der Pläne zu verhindern – aber die Ansiedlung chinesischer Händler erschien vielversprechender. Der Dschunkenhandel allein von Häfen in der Kiautschou-Bucht, vor allem Taputou, mit anderen chinesischen Häfen[158] betrug in den ersten Jahren nach der Inbesitznahme des Schutzgebietes etwa 97,5%, das heißt, dass anfangs nur circa 2,5% des Handels in der Kiautschou-Bucht über Tsingtau lief und somit ein großes wirtschaftliches Potential ungenutzt blieb[159]. Nachdem vermehrt chinesische Kaufleute und schließlich auch die großen deutschen Chinahandelshäuser für eine solche Änderung der Zollbestimmungen eingetreten waren, wurde sie endlich nach zähen Verhandlungen im Dezember 1905 formal beschlossen. Bis auf ein kleines Freihandelsgebiet im Hafen von Tsingtau wurde Kiautschou wieder der chinesischen Zollbehörde überstellt, allerdings mit der Auflage, 20% ihrer Einnahmen an die deutsche Kolonialverwaltung abzuführen. Damit wurde

---

[157] Im Jahre 1901 beispielsweise betrug der Verlust an Zollgebühren bei Transitgütern nach Shantung durch Schmuggel annähernd 50%. Vgl. Bauer, S. 30.

[158] Die wichtigsten Handelsgüter im Dschunkenverkehr waren Nahrungsmittel und Textilien. Vgl. Leutner, S. 349.

[159] Siehe Schrecker, S. 78.

Tsingtau faktisch zu einem Vertragshafen, wie etwa Kanton, Hankow oder Shanghai.[160]

Die wirtschaftliche Entwicklung des Schutzgebietes nach dieser einschneidenden Reform gab ihren Befürwortern recht. Die Zolleinnahmen stiegen bereits 1906 um mehr als 40% und in den darauf folgenden Jahren noch weiter an[161]. Der Handel erfuhr einen rasanten Aufschwung. Besonders der Handel mit dem Hinterland und anderen chinesischen Häfen schwoll gewaltig an, wurde aber fast ausschließlich von chinesischen Händlern kontrolliert; 1910 wurde nicht zuletzt deshalb eine chinesische Handelskammer in Tsingtau eingerichtet. Die Einnahmen der Kolonialverwaltung stiegen durch das Handelswachstum ebenfalls, so dass bereits ab 1907 die Reichstagszuschüsse für Kiautschou kontinuierlich gesenkt werden konnten[162]. Ausländische, insbesondere japanische Firmen siedelten sich vermehrt an. Tsingtau wurde nun tatsächlich binnen weniger Jahre zu einem der wichtigsten Häfen in Ostasien. Das einzige Manko war, dass der deutsche Anteil am Handel bis zum Vorabend des Ersten Weltkrieges immer weiter zurückging, was hauptsächlich am offenkundig weiterbestehenden Desinteresse der deutschen Kaufmannschaft an Kiautschou lag.[163]

---

[160] Ebd., S. 203-209 u. 220ff.; Betz, S. 3ff.; Köbner, S. 178; Leutner, S. 348f.; Ratenhof, S. 186ff.; Schrameier, Verwaltung, S. 203-245; Stichler, S. 238-245.

[161] Siehe Bauer, S. 204.

[162] Siehe ebd., S. 199.

[163] Ebd., S. 31-35; Gisela Graichen, Horst Gründer: Deutsche Kolonien. Traum und Trauma, Berlin 2005, S. 224-239; Gründer, Geschichte, S. 201-205; Leutner, S. 349ff.; Ohlmer, S. 1-10; Ratenhof, S. 188-198; Schrecker, S. 232-241; Seelemann, S. 267-301; Stingl, Bd. 2, S. 663-674 u. 717-748.

Im Zuge der Zollreform war das Reichsmarineamt auch bestrebt, fortan den Einsatz von deutschen Soldaten in der Region um Kiautschou auf Friedensaufgaben zu beschränken, weil es ihm nun „viel wirksamer erschien, Tsingtao als Basis der Verständigung mit China auszubauen und die wirtschaftliche Entwicklung über kulturelle Tätigkeiten zu fördern"[164]. „Kulturpolitik deshalb", erläuterte der Journalist Fritz Secker[165] im Februar 1910 in einem Vortrag vor der Deutschen Kolonialgesellschaft in Tsingtau,

„weil der einzige Weg, um eine Bevölkerung für fremde Güter aufnahmefähig zu machen und ihre Produktionsfähigkeit zu steigern, der ist, dass man ihr eine höhere Lebenshaltung beibringt, und diese ist von der Hebung des inneren Menschen nicht zu trennen"[166].

Eine Schlüsselrolle kamen dabei der Mission und der Bildungspolitik zu; die wichtigste kolonialpädagogische Maßnahme war die Gründung der deutsch-chinesischen Hochschule in Tsingtau im Herbst 1909[167]. An dieser neuen

---

[164] Ratenhof, S. 188f.

[165] Fritz Secker war seinerzeit einer der profiliertesten deutschen Journalisten in China und schrieb unter anderem für die „Tsingtauer Neuesten Nachrichten" und den „Ostasiatischen Lloyd". Zur Geschichte der deutschen Presse in Kiautschou siehe: Françoise Kreissler: L'action culturelle allemande en Chine. De la fin du XIXe siècle à la Seconde Guerre mondiale, Paris 1989, S. 82-90; Seelemann, S. 32-36 ; siehe auch: Otto Corbach: Deutsche Zeitungen und deutsche Interessen in Ostasien, in: Koloniale Zeitschrift, Jg. 6 (1905), Nr. 21, S. 369ff., Nr. 23, S. 409ff. u. Nr. 25, S. 444f., hier Nr. 2, S. 409ff.

[166] Fritz Secker: Streiflichter auf die wirtschaftlichen Verhältnisse in Schantung, Tsingtau 1910, S. 22.

[167] Zur Rolle der Bildungspolitik und der Mission im Rahmen der deutschen Kulturpolitik in Kiautschou und Shantung siehe: Biener, S. 290-317; Fabritzek, S. 82ff.; Gründer, Mission, S. 311-320; Huang Yi: Der deutsche Einfluß auf die Entwicklung des chinesischen Bildungswesens von 1871 bis 1918. Studien zu den kulturellen Aspekten der deutsch-chinesischen Beziehungen in der Ära des

politischen Ausrichtung hielt man auch nach der chinesischen Revolution von 1911/12 fest, welche die wirtschaftliche Entwicklung Kiautschous kaum negativ beeinträchtigte[168]. Ob eine längerfristige Kulturpolitik tatsächlich zu den gewünschten Ergebnissen geführt hätte, ist zweifelhaft. Faktisch jedenfalls ist festzuhalten, dass Kiautschou für das Deutsche Reich bis zum Ausbruch des Ersten Weltkrieges „eine belastende Enklave im Reich der Mitte blieb und sich nicht zum erhofften Tor zum chinesischen Markt entwickelte"[169].

Nach der chinesischen Revolution beteiligte sich das Deutsche Reich an der großen Reorganisationsanleihe zur

---

Deutschen Kaiserreiches, Frankfurt am Main 1995, S. 139-163; Kim Chun-Shik: Deutscher Kulturimperialismus in China. Deutsches Kolonialschulwesen in Kiautschou (China) 1898-1914, Stuttgart 2004; Thoralf Klein, Stefan Knirsch: Die deutschen Schulen für Chinesen im Pachtgebiet Qingdao, in: Alltagsleben und Kulturaustausch: Deutsche und Chinesen in Tsingtau 1897-1914, hrsg. v. Hermann Joseph Hiery u. Hans-Martin Hinz, Berlin u. Wolfratshausen 1999, S. 161-181; Leutner, S. 427-440; Mühlhahn, Herrschaft, S. 236-255; Klaus Mühlhahn: Qingdao (Tsingtau) – Ein Zentrum deutscher Kultur in China?, in: Tsingtau. Ein Kapitel deutscher Kolonialgeschichte in China 1897-1914, hrsg. v. Hans-Martin Hinz u. Christoph Lind, Berlin 1998, S. 121-132; Kurt Romberg: Die politische und kulturelle Bedeutung des deutschen Kiautschougebietes. Ein erlebtes Kapitel politischer Theorie, in: Koloniale Monatsblätter. Zeitschrift für Kolonialpolitik, Kolonialrecht und Kolonialwirtschaft, Jg. 16 (1914), Nr. 2, S. 49-70, hier S. 64-70; Seelemann, S. 352-396; Stichler, S. 238-245; siehe außerdem folgende Publikationen des einflussreichen Publizisten und Theologen Paul Rohrbach: (1) Deutsche Kulturaufgaben in China. Beiträge zur Erkenntnis nationaler Verantwortung, Berlin 1910; (2) Deutschland in China voran!, Berlin 1912.

[168] Siehe Ratenhof, S. 250ff. Der Direktor des Seezollamtes Kiautschou, Ernst Ohlmer, resümierte über die Folgen der Revolution für das Schutzgebiet zwei Jahre später: „Handel und Gewerbe hatten verhältnismässig wenig zu leiden, während andrerseits die Kolonie durch den Zuzug einer grossen Anzahl ehemaliger Beamten und wohlhabender Chinesen, von denen viele sich hier dauernd niedergelassen haben, den grössten Vorteil hatte". Zitat aus: Ohlmer, S. 37f.

[169] Ratenhof, S. 197.

Wiederherstellung der chinesischen Staatsfinanzen vom 8. April 1913, welche die Vorherrschaft des europäischen Kapitals in China absicherte. Gleichzeitig erlebten die deutschen Rüstungsexporte nach China noch einmal einen kräftigen Aufschwung. Mit einem Anteil von 16,4% an allen Auslandsinvestitionen in China rangierte das Deutsche Reich um 1913 auf Platz drei hinter Großbritannien (ca. 37%) und Russland (16,7%). Reichskanzler Theobald von Bethmann Hollweg überlegte, im Rahmen seiner gemäßigten Ausgleichspolitik die von Bülow verschenkte Möglichkeit wieder aufzugreifen, sich mit Großbritannien über die Interessensphären in China zu einigen. Schon seit langem wollte die britische Regierung das Yangstetal als britische Einflusssphäre sichern. Ein entsprechendes Abkommen hätte die angespannten deutsch-britischen Beziehungen deutlich verbessern können, davon war vor allem der Staatssekretär des Auswärtigen Amtes, Gottlieb von Jagow, überzeugt. Zu konkreten Schritten in dieser Richtung kam es allerdings vor Kriegsausbruch 1914 nicht mehr. Insgesamt kann die Lage der deutschen Chinawirtschaft und Chinapolitik am Vorabend des Ersten Weltkrieges als relativ günstig bezeichnet werden, aber der Weltbrand 1914/18 machte all ihre bisherigen Erfolge und Möglichkeiten zunichte.[170]

---

[170] Ebd., S. 231-250; Mommsen, Großmachtstellung, S. 280f.; Niels P. Petersson: Imperialismus und Modernisierung. Siam, China und die europäischen Mächte 1895-1914, München 2000, S. 386-408.

6. Schlussbetrachtung

Seit dem Wendejahr 1897, also seit dem Beginn der offensiven Flotten- und Weltpolitik, hatte sich das Deutsche Reich außenpolitisch zunehmend isoliert. Der „Neue Kurs" brachte nicht die versprochenen „herrlichen Zeiten", sondern führte in die katastrophale Niederlage des Ersten Weltkrieges.

Mit dem Ausbruch des Ersten Weltkrieges waren auch die Tage des deutschen Schutzgebietes Kiautschou gezählt. Die nach Kriegsbeginn in Tsingtau zusammengezogenen Auslandsdeutschen in Ostasien verstärkten zwar das III. Seebataillon von 2.500 auf etwa 4.700 Mann[171], vom Mutterland aber konnte bei der Verteidigung keine Unterstützung erwartet werden. Sowohl in Kiautschou als auch in Japan war man sich dessen sehr wohl bewusst. Die Bestrebungen Japans konzentrierten sich deshalb nach Kriegsausbruch im August 1914 auf die Eroberung des deutschen Schutzgebietes und ferner auf das übergeordnete Ziel japanischer Vorherrschaft in China, vor allem „die völlige Herrschaft über Nordchina, die endgültige Führerschaft im fernen Osten"[172]. Nachdem ein Ultimatum zur Übergabe Kiautschous vom 15. August von deutscher Seite unbeantwortet geblieben war, erklärte Japan dem Deutschen Reich acht

---

[171] Siehe Anm. 83.

[172] Fritz Wertheimer: Deutschland und Ostasien, Berlin u. Stuttgart 1914, S. 10. Zur Ideologie und den Zielen des japanischen Imperialismus allgemein siehe: Beasley, S. 69-258; Sven Saaler: Pan-Asianismus im Japan der Meiji- und der Taishō-Zeit: Wurzeln, Entstehung und Anwendung einer Ideologie, in: Selbstbehauptungsdiskurse in Asien: China – Japan – Korea, hrsg. v. Iwo Amelung u.a., München 2003, S. 127-157.

Tage später den Krieg. Der Kampf um Tsingtau dauerte nicht lange, länger zwar als man erwartet hatte, aber am 7. November 1914 kapitulierten die deutschen Verteidiger schließlich und gingen in japanische, zum Teil in britische Kriegsgefangenschaft[173]. Die „Rache für Shimonoseki"[174] war vollbracht. Kiautschou war nach Togo[175] der zweite deutsche Außenposten, der im Ersten Weltkrieg verloren ging. Weil China sich im Großen Krieg zunächst neutral verhielt, konnten sich die deutschen Kaufleute auch nach Kriegsausbruch weiterhin unbehelligt im Land aufhalten und dort Handel treiben. Anfang März 1917 jedoch brach China vor allem auf Druck der Entente-Staaten die diplomatischen Beziehungen zum Deutschen Reich ab und er-

---

[173] Auf den Tag genau siebzehn Jahre nach der Besitzergreifung Kiautschous durch das Deutsche Reich wurde der letzte Gouverneur des Schutzgebietes, Kapitän z.S. Alfred Meyer-Waldeck, am 14. November 1914 als letzter deutscher Soldat Tsingtaus von den Japanern gefangen genommen und interniert. Zur Kriegsgefangenschaft der Deutschen aus Tsingtau siehe u.a. die beiden Aufsätze von Gerhard Krebs: (1) Der Chor der Gefangenen: Die Verteidiger von Tsingtau in japanischen Lagern, in: Tsingtau. Ein Kapitel deutscher Kolonialgeschichte in China 1897-1914, hrsg. v. Hans-Martin Hinz u. Christoph Lind, Berlin 1998, S. 196-202; (2) Die etwas andere Kriegsgefangenschaft. Die Kämpfer von Tsingtau in japanischen Lagern 1914-1920, in: In der Hand des Feindes. Kriegsgefangenschaft von der Antike bis zum Zweiten Weltkrieg, hrsg. v. Rüdiger Overmanns, Köln u.a. 1999, S. 322-337; siehe außerdem: Charles Burdick, Ursula Moessner: The German Prisoners of War in Japan, 1914-1920, Lanham 1984.

[174] Ben Lawrence von Mackay: Ostasiatische Politik und ihre Lehren, in: Das Größere Deutschland. Wochenschrift für Deutsche Welt- und Kolonial-Politik, Jg. 2 (1915), Nr. 17, S. 553-563, hier S. 559. Nach Meinung von Mackay war der russisch-japanische Krieg 1904/05 mit dem Verlust der Häfen auf der Liaotung-Halbinsel für Russland der erste, die Eroberung Tsingtaus von den Deutschen 1914 der zweite Teil der japanischen „Rache für Shimonoseki". Vgl. ebd., S. 556-559.

[175] Die Kolonie Togo fiel bereits Ende August 1914. Zu den Ereignissen in den deutschen Kolonien während des Ersten Weltkrieges allgemein siehe u.a.: Josef Maria Abs: Der Kampf um unsere Schutzgebiete. Unsere Kolonien einst und jetzt, Düsseldorf o.J. [1927].

klärte darauf den Mittelmächten am 14. August 1917 den Krieg. Dadurch kam der deutsche Chinahandel vollends zum Erliegen.[176]

Nach der japanischen Besetzung Tsingtaus brach der örtliche Handel dramatisch ein, weil die chinesischen Händler vor dem strengen Besatzungsregiment flohen. Außerdem war der Tsingtauer Hafen durch ein kurz vor der Kapitulation von den deutschen Truppen versenktes Schwimmdock bis Juli 1915 nicht benutzbar, ebenso die teilweise gesprengte Shantung-Bahn. Erst als die japanische Militär- und Zivilverwaltung sich bemühte, dieser Entwicklung und diesen Umständen durch verschiedene Maßnahmen entgegenzuwirken, erlebte der Handel in Tsingtau ab 1917 einen erneuten Aufschwung.[177]

Im Versailler Vertrag wurde das ehemalige deutsche Schutzgebiet Kiautschou – entgegen der chinesischen Forderung – Japan zugeschlagen[178]. Als darauf die 4.-Mai-Bewegung[179] China erschütterte, führte dies erneut zu

---

[176] Ebd., S. 125-135; Casimir H. Baer (Hrsg.): Der Völkerkrieg. Eine Chronik der Ereignisse seit dem 1. Juli 1914. Mit sämtlichen amtlichen Kundgebungen der Mittelmächte, ergänzt durch alle wichtigeren Meldungen der Entente-Staaten und die wertvollsten zeitgenössischen Berichte, 28 Bde., Stuttgart 1914-1923, Bd. 2, S. 281-294; Bauer, S. 44-51; Beckmann, S. 41-51; Fabritzek, S. 88-94.

[177] Bauer, S. 74-140 u. 202f.

[178] Der Friedensvertrag zwischen Deutschland und den Alliierten und Assoziierten Mächten nebst dem Schlussprotokoll und der Vereinbarung betreffend die militärische Besetzung der Rheinlande, hrsg. v. Auswärtigen Amt, Charlottenburg 1919, Teil IV, Abschnitt VIII, Artikel 156-158. Die Shantung-Frage wurde im Versailler Vertrag gesondert behandelt und nicht im Abschnitt über China (Teil IV, Abschnitt II, Artikel 128-134). Deshalb weigerte sich die chinesische Regierung, das „Diktat von Versailles" zu unterzeichnen und erklärte dem Deutschen Reich am 15. September 1919 einseitig den Friedenszustand. Vgl. Bauer, S. 141; Ratenhof, S. 282.

[179] Die Bewegung des 4. Mai bezeichnet im engeren Sinne die patriotischen Studentenproteste, die 1919 im Zwischenfall vom 4. Mai (Demonstration in Peking

(kurzfristigen) Handelseinbrüchen in Tsingtau. Infolge des Neun-Mächte-Abkommens[180], das China Souveränität, Unabhängigkeit und Selbstverwaltung sicherte, wurde auf Druck der Vereinigten Staaten das Gebiet schließlich im Februar 1922 an China zurückgegeben und erlebte auch Tsingtaus Handel eine neue Blüte.[181]

Nach der Besetzung Kiautschous hatten die Japaner allen dortigen deutschen Besitz beschlagnahmt[182]. Um ihr Hab und Gut zu sichern, hatten viele deutsche Kaufleute ihre Geschäfte während des Krieges vorübergehend an Dänen, Chinesen oder Japaner übertragen. Nach dem Krieg gelang es dem Auswärtigen Amt, sich erfolgreich gegen die Revisionismusbestrebungen der Vertreter der deutschen Chinawirtschaft durchzusetzen, so dass es schließlich am 20. Mai 1921 zur Unterzeichnung eines deutsch-chinesischen Handels- und Konsularabkommens kam, das grundlegend wurde für die Erneuerung der diplomatischen und wirtschaftlichen Beziehungen zwischen China und Deutschland nach dem Ersten Weltkrieg. Es ermöglichte schließlich ein erneutes Aufblühen des deutschen Chinahandels ab 1923 und sogar die Rückkehr deutscher Kaufleute nach Tsingtau.[183]

---

gegen die japanfreundliche Behandlung der Shantung-Frage auf der Friedenskonferenz von Versailles) gipfelten, und im weiteren Sinne die geistig-kulturelle Erneuerungsbewegung der Jahre 1915-1925, die sogenannte Bewegung für neue Kultur. Siehe dazu: Chow Tse-tung: The May Fourth Movement. Intellectual Revolution in Modern China, 8. Auflage, Cambridge u. London o.J. [1980].

[180] Die unterzeichnenden Mächte waren neben den USA und China Belgien, Frankreich, Großbritannien, Italien, Japan, die Niederlande und Portugal.

[181] Bauer, S. 70-73 u. 202f.; Joachim Schultz-Naumann: Unter Kaisers Flagge. Deutschlands Schutzgebiete im Pazifik und in China einst und heute, München 1985, S. 212-244.

[182] Bauer, S. 90.

[183] Ebd., S. 141-172; Ratenhof, S. 271–299.

Anhang

Bildnachweis

Sammlung Peter Tamm: Kaiserliche Marine 9,
Nachlaß Prinz Heinrich, Tagebücher 1877-1929.

Die nebenstehende Karikatur mit dem Titel „Völker Chinas,
wahret eure heiligsten Güter" ist dem persönlichen Tagebuch des
Prinzen Heinrich von Preußen aus der Zeit vom 16. Dezember 1897
bis 28. Januar 1900 entnommen, in der er zunächst die zweite
nach Ostasien entsandte Kreuzerdivision, später das Ostasiatische
Kreuzergeschwader befehligte. Vermutlich wurde sie im Zuge der
Besetzung Kiautschous und der Entsendung der zweiten deutschen
Kreuzerdivision nach Ostasien in einer österreichisch-ungarischen
Zeitung um die Jahreswende 1897/98 publiziert.

7. „Völker Chinas, wahret eure heiligsten Güter"

8. Außenhandelsstatistik des Deutschen Reiches mit China 1890 bis 1913[i]

Jahr	Gesamteinfuhr des Dt. Reiches (in Mill. RM)	Einfuhr aus China (in Mill. RM)	% der deutschen Gesamteinfuhr
1890	4272,9	7,8	0,2
1891	4403,4	12,2	0,3
1892	4227,0	12,5	0,3
1893	4134,1	16,0	0,4
1894	4285,5	27,1	0,6
1895	4246,1	27,0	0,6
1896	4558,0	41,8	0,9
1897	4864,6	57,5	1,2
1898	6439,7	39,5	0,7
1899	5783,6	29,0	0,5
1900	6043,0	35,4	0,6
1901	5710,3	44,6	0,8
1902	5805,8	55,1	1,0
1903	6321,1	34,8	0,6
1904	6854,5	39,6	0,6
1905	7436,3	42,7	0,6
1906	8021,9	57,0	0,7
1907	8746,7	56,6	0,6
1908	7664,0	70,7	0,9
1909	8526,9	65,2	0,8
1910	8934,1	94,7	1,1
1911	9705,7	103,3	1,1
1912	10691,8	115,5	1,1
1913	10769,7	130,5	1,2

---

[i] Statistisches Jahrbuch für das Deutsche Reich, Jg. 12-36, hrsg v. Kaiserlich Statistischen Amt, Berlin 1891-1915; Ratenhof, S. 561f.

Jahr	Gesamtausfuhr des Dt. Reiches (in Mill. RM)	Ausfuhr nach China (in Mill. RM)	% der dt. Gesamt- ausfuhr	Handelsbilanz (in Mill. RM)
1890	3409,5	29,9	0,9	+ 22,1
1891	3339,7	32,9	1,0	+ 20,7
1892	3150,1	30,0	0,9	+ 17,5
1893	3244,6	33,3	1,0	+ 17,3
1894	3051,5	28,2	0,9	+ 1,1
1895	3424,1	35,4	1,0	+ 8,4
1896	3753,8	45,3	1,2	+ 3,5
1897	3786,2	32,3	0,9	− 25,2
1898	4010,6	48,0	1,2	+ 18,5
1899	4368,4	50,6	1,2	+ 31,6
1900	4752,6	43,9	0,9	+ 8,5
1901	4512,6	37,8	0,8	− 6,8
1902	4812,8	37,9	0,8	− 17,2
1903	5130,3	44,7	0,9	+ 9,9
1904	5315,6	52,9	1,0	+ 13,3
1905	5841,8	75,8	1,3	+ 33,2
1906	6359,0	67,8	1,1	+ 10,8
1907	6850,9	63,2	0,9	+ 6,6
1908	6398,6	50,7	0,8	− 20,0
1909	6594,2	56,8	0,8	− 8,4
1910	7474,7	66,5	0,9	− 28,2
1911	8106,1	71,8	0,9	− 31,5
1912	8956,8	81,7	0,9	− 33,8
1913	10097,2	122,8	1,2	− 7,2

9. Freundschafts-, Handels- und Schifffahrtsvertrag zwischen China und den deutschen Staaten 1861[ii]

Seine Majestät der König von Preussen, sowohl für sich, als auch
im Namen der übrigen Mitglieder des deutschen Zoll- und
Handelsvereins,

    nämlich:

der Krone Bayern, der Krone Sachsen, der Krone Hannover, der
Krone Württemberg, des Grossherzogthums Baden, des Kurfürs-
tenthums Hessen, des Grossherzugthums Hessen, des Herzog-
thums Braunschweig, des Grossherzogthums Oldenburg, des
Grossherzogthums Luxemburg, des Grossherzogthums Sachsen,
der Herzogthümer Sachsen-Meiningen, Sachsen-Altenburg und
Sachsen-Coburg und Gotha, des Herzogthums Nassau, der Fürs-
tenthümer Waldeck und Pyrmont, der Herzogthümer Anhalt-
Dessau-Cöthen und Anhalt-Bernburg, des Fürstenthums Lippe,
der Fürsthentümer Schwarzburg-Rudolstadt und Schwarzburg-
Sondershausen, Reuss älterer und Reuss jüngerer Linie, der freien
Stadt Frankfurt, des Landgräflich hessischen Oberamts Meisen-
heim und Amtes Homburg,

    sowie:

die Grossherzogthümer Mecklenburg-Schwerin und Mecklenburg-
Strelitz, und die Senate der Hansestädte Lübeck, Bremen und
Hamburg

    einerseits und

Seine Majestät der Kaiser von China

    andererseits,

von dem aufrichtigen Wunsche beseelt, freundschaftliche Beziehungen zwischen den vorgedachten Staaten und China zu
begründen, haben beschlossen, solche durch einen gegenseitig
vortheilhaften und den Unterthanen der Hohen vertragenden

[ii] Vertragstext nach Albert Berg (Hrsg.): Die preussische Expedition nach Ost-
Asien. Nach amtlichen Quellen, 4 Bde., Berlin 1864-1873, Bd. 4, S. 353-368.

Mächte nützlichen Freundschafts- und Handelsvertrag zu befestigen. Zu dem Ende haben zu Ihren Bevollmächtigten ernannt:

Seine Majestät der König von Preussen:

Den Kammerherrn Friedrich Albrecht Grafen zu Eulenburg, Allerhöchstihren ausserordentlichen Gesandten und bevollmächtigten Minister, Ritter des Rothen Adler-Ordens dritter Klasse mit der Schleife, Ritter des Johanniter-Ordens u.s.w.,

und

Seine Majestät der Kaiser von China:

Tsun-luen, assistirendes Mitglied des Ministeriums der auswärtigen Angelegenheiten in Pe-kin, Generla-Director der öffentlichen Vorräthe, und Kaiserlichen Commissarius,

Tsun-hau, Ehren-Unter-Staats-Secretär, Oberaufseher der drei Häfen des Nordens und beigeordneten Kaiserlichen Commissarius,

welche, nachdem sie ihre Vollmachten sich mitgetheilt, und solche in guter und gehöriger Form befunden haben, über nachstehende Artikel übereingekommen sind:

Artikel 1.

Zwischen den contrahirenden Staaten soll dauerhafter Friede und unwandelbare Freundschaft bestehen. Die Unterthanen derselben sollen in den beiderseitigen Staaten vollen Schutz für Person und Eigenthum geniessen.

Artikel 2.

Seine Majestät der König von Preussen kann, wenn er es für gut befindet, einen diplomatischen Agenten bei dem Hofe von Pe-kin accreditiren, und Seine Majestät der Kaiser von China kann in gleicher Weise, wenn er es für gut befindet, einen diplomatischen Agenten für den Hof von Berlin ernennen.

Dem von Seiner Majestät dem Könige von Preussen ernannten diplomatischen Agenten soll gestattet sein, auch die Vertretung der anderen contrahirenden deutschen Staaten zu übernehmen, welchen vertragsmässig das Recht, sich durch eigene diplomatische Agenten beim Hofe von Pe-kin vertreten zu lassen, nicht zusteht.[iii]

Artikel 3.

Die diplomatischen Agenten Preussens und Chinas sollen gegenseitig am Orte ihres Aufenthalts die Vorrechte und Freiheiten geniessen, welche das Völkerrecht ihnen gewährt. Ihre Person, ihre Familie, ihr Haus und ihre Correspondenz sollen unverletzlich sein. Sie sollen in der Wahl und Anstellung ihrer Beamten, Couriere, Dolmetscher, Diener, u.s.w. nicht beschränkt werden.

Alle Arten von Kosten, welche die diplomatischen Missionen verursachen, werden von ihren respectiven Regierungen getragen werden.

Die chinesischen Behörden werden Alles thun, um dem preussischen diplomatischen Agenten, wenn er nach der Hauptstadt kommt, um daselbst seinen Wohnsitz aufzuschlagen, beim Miethen eines passenden Hauses und sonstiger Räumlichkeiten behülflich zu sein.

Artikel 4.

Die contrahirenden deutschen Staaten sollen das Recht haben, einen General-Consul und für jeden offenen Hafen oder jede dergleichen Stadt in China, für welche ihre Handelsinteressen es erheischen, einen Consul, Vice-Consul oder Consularagenten zu ernennen.[iv]

[iii] In einem Separatartikel zum Vertrag wurde vereinbart, dass Preußen mit Rücksicht auf die Taiping-Rebellion seinen Generalkonsul frühestens fünf Jahre nach Ratifizierung des Vertrages beauftragen werde. Obwohl der Vertrag erst am 14. Januar 1863 ratifiziert wurde, trat Guido von Rehfues sein Amt als preußischer Gesandter in Peking bereits Ende 1865 an.

[iv] Preußen beanspruchte dieses Recht ausschließlich für sich und zwang nach Abschluss des Vertrages die anderen deutschen Staaten, im Verein mit der chi-

Diese Beamten sollen mit der gebührenden Achtung von den chinesischen Behörden behandelt werden und dieselben Privilegien und Vorrechte geniessen, wie die Consular-Beamten der meistbegünstigten Nation.

Im Falle der Abwesenheit eines deutschen Consular-Beamten sollen die Unterthanen der contrahirenden deutschen Staaten die Befugnis haben, sich an den Consul einer befreundeten Macht, oder im Nothfalle auch an den Zolldirector zu wenden, welcher es sich angelegen lassen sein soll, denselben die Vortheile dieses Vertrages zu sichern.

Artikel 5.

Alle dienstlichen, von dem diplomatischen Agenten Seiner Majestät des Königs von Preussen oder von den Consular-Beamten der contrahirenden deutschen Staaten an die chinesischen Behörden gerichteten Mittheilungen sollen deutsch geschrieben werden. Bis auf Weiteres sollen sie von einer chinesischen Uebersetzung begleitet sein, aber unter der gegenseitigen Uebereinkunft, dass im Falle eine Verschiedenheit in der Bedeutung des deutschen und chinesischen Textes vorkommen sollte, die deutschen Regierungen den im deutschen Text ausgedrückten Sinn als den richtigen ansehen werden.

Desgleichen sollen die amtlichen Mittheilungen chinesischer Behörden an den Gesandten Preussens oder die Consulate der contrahirenden deutschen Staaten chinesisch geschrieben werden, und wird dieser Text für die chinesischen Behörden als der

---

nesischen Regierung, ihre Konsulate in China in den darauf folgenden Jahren zu schließen. Nur die Hansestädte, die sich schon im Vorfeld der Expedition in weiser Voraussicht dahingehend abgesichert hatten, konnten aufgrund eines Separatartikels zum Freundschafts-, Handels- und Schifffahrtsvertrag ihre Konsulate in den geöffneten Häfen beibehalten und dort weiterhin eigene Konsuln ernennen. Auf Initiative Lübecks wurden in China ab 1862 nur noch gemeinsame hanseatische Konsulate errichtet. Vgl. Herold, Bremens Handel, S. 151f.

richtige gelten. Man ist übereingekommen, dass die Uebersetzungen niemals als beweisend angesehen werden sollen.

Was den gegenwärtigen Vertrag anbetrifft, so wird derselbe, um jede spätere Discussion zu vermeiden, und mit Rücksicht darauf, dass die französische Sprache unter allen Diplomaten Europas bekannt ist, in deutscher, chinesischer und französischer Sprache ausgefertigt werden. Alle diese Ausfertigungen haben denselben Sinn und dieselbe Bedeutung, aber der französische Text wird als der Urtext des Vertrages angesehen werden, dergestalt, dass wenn eine verschiedene Auslegung des deutschen und chinesischen Vertrages irgendwo stattfinden sollte, die französische Ausfertigung entscheidend sein soll.

Artikel 6.

In den Häfen und Städten: Kan-ton, Swa-tau (Tšau-tšau), Amoi, Fu-tšau, Nin-po, Shang-hae, Tung-tšau, Tien-tsin, Niutšwan, Tšin-kian, Kiu-kian, Han-kau, ferner Kion-tšau auf der Insel Hainan und Tai-wan und Tam-sui auf der Insel Formosa – ist es den Unterthanen der contahirenden deutschen Staaten erlaubt, sich mit ihren Familien niederzulassen, frei zu bewegen, und Handel oder Industrie zu betreiben. Sie können zwischen denselben nach Belieben mit ihren Fahrzeugen und Waaren hin- und herfahren, daselbst Häuser kaufen, miethen oder vermiethen, Land pachten oder verpachten, und Kirchen, Kirchhöfe und Hospitäler anlegen.

Artikel 7.

Handelsschiffe eines der contrahirenden deutschen Staaten sind nicht berechtigt, nach anderen Häfen zu fahren, als solchen, die in diesem Vertrage für offen erklärt worden sind. Sie sollen nicht gesetzwidrig andere Häfen anlaufen, oder heimlichen Handel längs der Küste treiben. Schiffe, welche in Zuwiderhandlung gegen diese Bestimmung betroffen werden, sollen mit ihrer Ladung der Confiscation durch die chinesische Regierung unterliegen.

Artikel 8.

Unterthanen der deutschen contrahirenden Staaten können auf eine Entfernung von hundert (100) Li und auf einen Zeitraum von nicht mehr als fünf (5) Tagen in die Nachbarschaft der dem Handel offenen Häfen Ausflüge machen.

Diejenigen, welche sich in das Innere des Landes zu begeben wünschen, müssen mit Pässen versehen sein, die von der chinesischen Localbehörde visirt sind. Diese Pässe müssen auf Verlangen vorgezeigt werden.

Wenn Reisende oder Kaufleute, welche einem der contrahirenden deutschen Staaten angehören, ihre Pässe verlieren sollten, so soll es den chinesischen Behörden freistehen, dieselben zurückzuhalten, bis sie sich neue Pässe haben verschaffen können, oder sie auf das nächste Consulat führen zu lassen, ohne sie jedoch schlecht zu behandeln oder zu gestatten, dass sie schlecht behandelt werden.

Dabei ist wohl verstanden, dass nach denjenigen Orten, welche von den Rebellen besetzt sind, nicht eher Pässe ausgestellt werden sollen, als bis in denselben Friede wiederhergestellt ist[v].

Artikel 9.

Es soll den Unterthanen der contrahirenden deutschen Staaten gestattet sein, Compradors, Dolmetscher, Schreiber, Arbeiter, Schiffsleute und Diener aus allen Theilen Chinas gegen eine entsprechende, durch Uebereinkunft beider Theile festzustellende Vergütung in Dienst zu nehmen, und ebenso Boote zum Personen- und Waarentransport zu miethen. Desgleichen soll es ihnen erlaubt sein, von Chinesen die Sprache oder Dialecte des Landes zu lernen, oder sie in fremden Sprachen zu unterrichten. Dem Verkaufe von deutschen und dem Ankaufe von chinesischen Büchern soll kein Hindernis in den Weg gelegt werde.

---

[v] Gemeint sind die von den Taiping-Rebellen besetzten Gebiete. Siehe dazu Anm. 20.

Artikel 10.

Die Bekenner und Lehrer der christlichen Religion sollen in China volle Sicherheit für ihre Personen, ihr Eigenthum und die Ausübung ihrer Religionsbräuche geniessen.[vi]

Artikel 11.

Wenn ein Schiff eines der deutschen contrahirenden Staaten in den Gewässern eines dem Handel eröffneten Hafens angelangt, soll es ihm freistehen, einen Lootsen nach seiner Wahl anzunehmem, um sich in den Hafen führen zu lassen. Ebenso soll es, wenn es alle gesetzlichen Gebühren und Abgaben entrichtet hat und zur Abreise fertig ist, sich einen Lootsen wählen können, um es aus dem Hafen hinauszuführen.

Artikel 12.

Sobald ein Kauffahrteischiff, welches einem der deutschen contrahirenden Staaten angehört, in einem Hafen eingelaufen ist, soll der Zollinspector, wenn er es für gut befindet, einen oder mehrere Zollbeamte abordnen, um das Schiff zu überwachen und darauf zu sehen, dass keine Waaren geschmuggelt werden. Diese Beamten können nach ihrem Belieben in ihrem eigenen Boote bleiben, oder sich an Bord des Schiffes aufhalten.

Die Kosten ihrer Besoldung, ihrer Nahrung und ihres Unterhalts fallen der chinesischen Zollbehörde zur Last, und sie dürfen keine Entschädigung oder Belohnung irgend einer Art, weder von den Schiffscapitäns, noch von den Consignatären verlangen. Jede Zuwiderhandlung gegen diese Vorschrift soll eine dem Betrage der Erpressung angemessene Strafe nach sich ziehen, und dieser Betrag soll vollständig zurückerstattet werden.

[vi] Dieser Artikel sicherte den deutschen und anderen christlichen Missionaren und Gläubigen in China erstmals volle Sicherheit zu.

Artikel 13.

Innerhalb vierundzwanzig (24) Stunden nach der Ankunft des Schiffes soll der Capitän, wenn er nicht gesetzliche Hinderungsursachen hat, oder statt seiner der Supercargo oder der Consignatär sich auf das Consulat begeben und daselbst seine Schiffspapiere und eine Abschrift des Manifests niederlegen.

Innerhalb der folgenden vierundzwanzig (24) Stunden wird der Consul dem Zollinspector eine Note übersenden, aus welcher der Name des Schiffes, die Bemannung, der Tonnengehalt und die Beschaffenheit der Ladung desselben hervorgeht.

Wenn durch Schuld des Capitäns dieser Vorschrift binnen achtundvierzig (48) Stunden nicht nachgekommen ist, so soll derselbe einer Strafe von fünfzig (50) Piastern für jeden Tag Verzögerung unterliegen; der Totalbetrag der Strafe soll jedoch zweihundert (200) Piaster nicht übersteigen.

Gleich nach Empfang der erwähnten Note wird der Zollinspector einen Erlaubnissschein zum Oeffnen des Schiffsraumes ertheilen.

Sollte der Capitän zu dieser Oeffnung schreiten und mit dem Ausladen beginnen, bevor er die Erlaubniss dazu erhalten hat, so soll er zu einer Geldstrafe bis zum Betrage von fünfhundert (500) Piaster verurteilt werden können, und die ausgeladenen Waaren sollen confiscirt werden können.

Artikel 14.

So oft ein Kaufmann, welcher einem der contrahirenden Staaten angehört, Waaren zu laden oder zu verschiffen hat, soll er die Erlaubniss dazu bei dem Zollinspector nachsuchen. Waaren, welche ohne eine solche Erlaubniss gelandet oder verschifft werden, unterliegen der Confiscation.

Artikel 15.

Die Unterthanen der contrahirenden deutschen Staaten sollen von allen Waaren, welche sie in die dem fremden Handel geöffneten Häfen ein- oder aus denselben ausführen, diejenigen Zölle bezahlen, welche in dem dem gegenwärtigen Vertrage beigefügten Tarife verzeichnet sind; aber in keinem Falle soll man von ihnen mehr oder andere Abgaben verlangen, als jetzt oder in Zukunft von den Unterthanen der meistbegünstigsten Nation verlangt werden.

Die dem gegenwärtigen Vertrage beigefügten Handelsbestimmungen sollen als integrirender Theil dieses Vertrages und deshalb als bindend für die Hohen contrahirenden Theile angesehen werden[vii].

Artikel 16.

Was die Artikel anbetrifft, welche nach dem Tarife einer Abgabe ad valorem unterliegen, so soll, wenn der deutsche Kaufmann mit dem chinesischen Beamten sich über den Werth nicht einigen kann, jede Parthei zwei oder drei Kaufleute zuziehen, welche die Waaren untersuchen sollen. Der höchste Preis, zu welchem einer der Kaufleute sie zu kaufen Willens wäre, soll als der Werth derselben angenommen werden.

Artikel 17.

Die Zölle werden nach dem Nettogewicht erhoben werden, es wird also die Tara in Abzug genommen. Wenn der deutsche Kaufmann sich mit dem chinesischen Beamten über die Bestimmung der Tara nicht einigen kann, so soll jede Parthei eine gewisse Anzahl von Kisten und Ballen unter den Colli, welche Gegenstand des Streits sind, wählen. Diese werden im Ganzen gewogen, und dann wird die Tara fertiggestellt. Die Durchschnitts-Tara der so gewogenen Colli soll als Tara für alle übrigen gelten.

[vii] Die Handelsbestimmungen zum „Freundschafts-, Handels und Schifffahrtsvertrag" wurden hier aus Platzgründen nicht beigefügt. Sie sind u.a. abgedruckt in: Berg, S. 369-376.

Artikel 18.

Wenn sich im Laufe der Verification über andere Puncte ein Streit erhebt, der nicht sofort geschlichtet werden kann, so soll der deutsche Kaufmann die Vermittelung der Consularbeamten in Anspruch nehmen können. Dieser wird den Gegenstand der Meinungsverschiedenheit sofort zur Kenntnis des Zollinspectors bringen, und beide werden sich bemühen, eine Ausgleichung herbeizuführen. Das Ansuchen an den Consul muss aber binnen vierundzwanzig (24) Stunden geschehen, sonst wird demselben keine weitere Folge gegeben werden.

So lange der Streit nicht entschieden ist, wird der Zollinspector den Gegenstand desselben nicht buchen, um auf diese Weise der gründlichen Untersuchung und Schlichtung der Angelegenheit nicht vorzugreifen.

Artikel 19.

Für alle eingeführten Waaren, welche eine Beschädigung erlitten haben sollten, wird eine der Beschädigung angemessene Zollermässigung eintreten. Diese Ermässigung wird der Billigkeit gemäss normiert werden; erheben sich aber Streitigkeiten, so sollen dieselben auf dieselbe Weise zum Ende geführt werden, als solches in Artikel 16. für die mit einer ad valorem-Abgabe belasteten Waaren vorgeschrieben ist.

Artikel 20.

Jedes in einem chinesischen Hafen eingelaufene Schiff eines der contrahirenden deutschen Staaten kann, wenn der Schiffsraum noch nicht geöffnet ist, binnen achtundvierzig (48) Stunden nach seiner Ankunft denselben verlassen und sich in einen anderen Hafen begeben, ohne Tonnengelder oder Zölle zu bezahlen, oder der Entrichtung irgend einer anderen Abgabe zu unterliegen. Nach Ablauf der achtundvierzig (48) Stunden müssen die Tonnengelder entrichtet werden.

Artikel 21.

Die Eingangszölle sind beim Landen der Güter und die Ausgangszölle beim Verschiffen derselben fällig. Wenn die Tonnengelder und Zölle, welche vom Schiffe und der Ladung zu zahlen sind, vollständig berichtigt sind, soll der Zollinspector eine Generalquittung darüber ausstellen, auf deren Vorzeigung der Consularbeamte dem Capitän seine Schiffspapiere zurückgeben und ihm erlauben wird, unter Segel zu gehen.

Artikel 22.

Der Zollinspector wird ein oder mehrere Bankierhäuser namhaft machen, welche ermächtigt sein sollen, die zu zahlenden Abgaben für Rechnung des Staates in Empfang zu nehmen. Die von diesen Bankierhäusern ausgestellten Quittungen sollen so angesehen werden, als seien sie von der chinesischen Regierung selbst ausgestellt. Die Zahlungen können in Barren oder in fremden Münzen geleistet werden, deren Verhältnis zum Ssaissie-Silber nach den jedesmaligen Umständen durch Vereinbarung zwischen den deutschen Consularbeamten und dem Zollinspector festgestellt werden soll.

Artikel 23.

Kauffahrteischiffe der contrahirenden deutschen Staaten von mehr als hundertfünfzig (150) Tonnen sollen vier (4) Mehss pro Tonne, und Schiffe von hundertfünfzig (150) Tonnen oder weniger, ein (1) Mehss pro Tonne des aus dem Messbriefe ersichtlichen Tonnengehaltes als Tonnengelder zahlen.

Ueber die erfolgte Zahlung der Tonnengelder soll der Zollinspector dem Capitän oder Consignatär eine Bescheinigung ertheilen, auf deren Vorzeigung bei den Zollbehörden anderer chinesischer Häfen, in welche der Capitän einzulaufen für gut befinden sollte, binnen vier (4) Monaten vom Datum der in Artikel 21. erwähnten Generalquittung keine abermaligen Tonnengelder mehr verlangt werden sollen.

Keine Tonnengelder sollen zu entrichten sein von Fahrzeugen, welche Unterthanen der contrahirenden deutschen Staaten zum Transport von Passagieren, Gepäck, Briefen, Lebensmitteln oder solchen Artikeln verwenden, welche keinem Zolle unterliegen. Führen solche Fahrzeuge gleichzeitig auch zollpflichtige Waaren mit sich, so sollen sie in die Kategorie der Schiffe unter hundertfünfzig (150) Tonnen Gehalt gerechnet werden und ein Tonnengeld von ein (1) Mehss pro Tonne entrichten.

Artikel 24.

Solche Waaren, von denen in einem chinesischen Hafen die tarifmässigen Zölle entrichtet worden sind, sollen in das Innere des Landes transportiert werden können, ohne irgend einer anderen Abgabe, als der Transitabgabe zu unterliegen. Diese soll nach den gegenwärtig geltenden Sätzen erhoben werden. Dasselbe gilt von Waaren, die aus dem Innern des Landes nach einem Hafen transportiert werden.

Von Erzeugnissen, welche aus dem Inlande nach einem Hafen, oder von Einfuhren, welche aus einem Hafen nach dem Inlande geführt werden, können sämmtliche darauf haftende Transitabgaben auf einmal entrichtet werden.

Wenn chinesische Beamte, dem Inhalte dieses Artikels zuwider, ungesetzliche oder höhere, als die gesetzlichen Abgaben erheben sollten, so sollen sie nach den chinesischen Gesetzen bestraft werden.

Artikel 25.

Wenn der Capitän eines Schiffes, welches einem der contrahirenden deutschen Staaten angehört, und welches in einem chinesischen Hafen eingelaufen ist, daselbst nur einen Theil der Ladung zu löschen wünscht, so soll er auch nur für diesen Theil zur Zollentrichtung verbunden sein. Den Rest der Ladung kann er nach einem anderen Hafen führen, und daselbst verzollen und verkaufen.

Artikel 26.

Wenn Handelstreibende eines der contrahirenden deutschen Staaten Waaren, welche sie in einen chinesischen Hafen eingeführt und daselbst verzollt haben, wieder ausführen wollen, so sollen sie sich dieserhalb an den Zollinspector wenden, damit derselbe sich von der Identität der Waaren und davon Ueberzeugung verschafft, dass die Colli unverletzt sind.

Sollen die Waaren nach einem anderen chinesischen Hafen wieder ausgeführt werden, so wird der Zollinspector den Kaufleuten, welche die Waaren wieder auszuführen wünschen, ein Attest darüber ausstellen, dass die auf denselben lastenenden Zölle entrichtet sind.

Auf Grund dieses Attestes soll der Zollinspector desjenigen chinesischen Hafens, nach welchem die Waaren geführt werden, einen Erlaubnissschein zum zollfreien Löschen derselben ertheilen, ohne dass dafür Gebühren oder Zollzuschläge verlangt werden könnten. Wenn sich bei Vergleichung der Waaren mit dem Atteste herausstellt, dass eine Zolldefraudation stattgefunden hat, so unterliegen die eingeschwärzten Waaren der Confiscation.

Sollen die Waaren aber nach einem nicht-chinesischen Hafen wieder ausgeführt werden, so wird der Zollinspector desjenigen Hafens, aus welchem die Wiederausfuhr geschieht, ein Certificat ausfertigen, welches bescheinigt, dass der Kaufmann, der die Waaren wieder ausführt, eine Forderung an das Zollamt hat, welche dem Betrage der auf die Waaren bereits gezahlten Zölle gleichkommt. Dieses Certificat soll vom Zollamte bei jeder Entrichtung von Einfuhr- und Ausfuhrzöllen gleich baarem Gelde zum vollen Werthe in Zahlung angenommen werden.

Artikel 27.

Keine Umladung aus einem Schiffe in ein anderes kann ohne besondere Erlaubniss des Zollinspectors stattfinden. Ausgenommen den Fall, wo Gefahr im Verzuge gewesen ist, sollen Güter, welche ohne Erlaubnis von einem Schiffe auf ein anderes umgeladen sind, confiscirt werden.

Artikel 28.

In jedem der Häfen, welche dem fremden Handel geöffnet sind, soll der Zollinspector beim Consularbeamten eine Sammlung der beim Zollamte in Canton gebräuchlichen Maasse und Gewichte, sowie gesetzliche Waagen zum Abwiegen der Waaren und des Geldes niederlegen. Diese Normalmaasse, Normalgewichte und Waagen sollen die Grundlage aller Zolleinforderungen und Zahlungen bilden, und im Falle von Streitigkeiten soll auf ihre Ergebnisse zurückgegangen werden.

Artikel 29.

Alle Geldstrafen und Confiscationen für Zuwiderhandlungen gegen diesen Vertrag oder gegen die beigefügten Handelsbestimmungen[viii] sollen der chinesischen Regierung zufallen.

Artikel 30.

Kriegsschiffen der contrahirenden deutschen Staaten, welche zum Schutze des Handels kreuzen, oder mit Verfolgung von Seeräubern beschäftigt sind, soll es freistehen, alle chinesischen Häfen ohne Unterschied zu besuchen.

Beim Ankaufe von Vorräthen, Einnehmen von Wasser und bei Ausbesserungen, wenn solche nöthig werden, soll ihnen jede Erleichterung zu Theil und keine Art von Hinderniss in den Weg gelegt werden. Die Befehlshaber solcher Schiffe sollen mit den chinesischen Behörden als Gleichgestellte und auf höflichem Fusse verkehren. Abgaben irgend welcher Art sollen von solchen Schiffen nicht erhoben werden.

Artikel 31.

Sollte ein Kauffahrteischiff, welches einem der contrahirenden deutschen Staaten angehört, in Folge von Havarieen oder aus anderen Gründen gezwungen sein, einen Hafen zu suchen, so soll

---

[viii] Siehe Anm. vii.

es in jeden chinesischen Hafen ohne Unterschied einlaufen können, ohne zur Entrichtung von Tonnengeldern verbunden zu sein. Auch brauchen von den Waaren, welche es geladen hat, keine Zölle entrichtet werden, falls dieselben nur behufs der Ausbesserung des Schiffes abgeladen werden und unter Aufsicht des Zollinspectors bleiben. Sollte ein solches Schiff scheitern oder stranden, so sollen die chinesischen Behörden sofort Maassregeln zur Rettung der Mannschaft und Sicherung des Schiffes und der Ladung treffen. Die gerettete Mannschaft soll gut behandelt und, wenn es nöthig ist, mit den Mitteln zur Weiterfahrt nach der nächsten Consularstation versehen werden.

Artikel 32.

Wenn Matrosen oder andere Individuen von Kriegs- und Handelsschiffen eines der contrahirenden deutschen Staaten desertiren, so soll die chinesische Behörde, auf Requisition des Consularbeamten, oder, wenn ein solcher nicht vorhanden ist, des Capitäns, die erforderlichen Schritte thun, um den Deserteur oder Flüchtling zu entdecken und in die Hände des Consularbeamten oder Capitäns zurückzuliefern.

Gleichermassen kann, wenn chinesische Deserteure oder wegen eines Verbrechens Verfolgte sich in die Häuser oder auf die Schiffe deutscher Unterthanen flüchten sollten, die Ortsbehörde sich an den deutschen Consularbeamten wenden, welcher die nöthigen Maassregeln ergreifen soll, um die Auslieferung derselben zu bewerkstelligen.

Artikel 33.

Sollten Schiffe, welche einem der contrahirenden deutschen Staaten angehören, in chinesischen Gewässern von Seeräubern geplündert werden, so soll es Pflicht der chinesischen Behörden sein, alle Mittel zur Habhaftwerdung und Bestrafung der Räuber aufzubieten. Die geraubten Waaren sollen, wo und in welchem Zustande sie sich auch befinden mögen, in die Hände des betreffenden Consularbeamten abgeliefert werden, welcher sie an die Berechtigten gelangen lassen wird. Kann man weder der Räuber habhaft werden, noch sämmtliche Gegenstände wieder erlangen, so sollen die chinesischen Behörden den chinesischen Gesetzen gemäss bestraft werden, ohne zum Ersatz der geraubten Gegenstände verpflichtet zu sein.

Artikel 34.

Will sich ein Unterthan eines der contrahirenden deutschen Staaten an eine chinesische Behörde wenden, so muss er seine Vorstellung dem Consularbeamten einhändigen, welcher sie, je nachdem er sie in der Sache begründet und in der Form passend findet, weiter befördert, oder zur Abänderung zurückgibt.

Will ein Chinese sich an ein Consulat wenden, so muss er denselben Weg bei der chinesischen Behörde einschlagen, welche in derselben Art verfahren wird.

Artikel 35.

Wenn ein Unterthan eines der contrahirenden deutschen Staaten Ursache zur Beschwerde über einen Chinesen hat, so soll er sich zuvörderst zu einem Consularbeamten begeben und ihm den Gegenstand seiner Beschwerde auseinandersetzen. Der Consularbeamte, nachdem er die Angelegenheit untersucht hat, wird sich Mühe geben, dieselbe gütlich auszugleichen. Ebenso wird der Consularbeamte, wenn ein Chinese sich über einen Unterthan eines der contrahirenden deutschen Staaten zu beschweren hat, ersterem williges Gehör schenken und eine gütliche Einigung herbeizuführen suchen. Sollte eine solche aber in dem einen oder anderen Falle nicht gelingen, so wird der Consularbeamte die Mitwirkung des betreffenden chinesischen Beamten in Anspruch nehmen, und beide vereint werden die Angelegenheit nach den Grundsätzen der Billigkeit entscheiden.

Artikel 36.

Die chinesischen Behörden sollen der Person und dem Eigenthum deutscher Unterthanen zu jeder Zeit den vollsten Schutz angedeihen lassen, namentlich wenn denselben Beleidigung oder Gewalt widerfahren sollte. In allen Fällen von Brandstiftung, Raub oder Zerstörung soll die Ortsbehörde sofort die bewaffnete Macht absenden, um die Zusammenrottung zu zerstreuen, die Schuldigen zu ergreifen und sie der Strenge der Gesetze zu überliefern. Es bleibt den Beschädigten ausserdem überlassen, den Ersatz des ihnen verursachten Schadens von denjenigen zu verlangen, von welchen die Beschädigung ausgegangen ist.

Artikel 37.

Wenn ein chinesischer Unterthan, welcher Schuldner eines Unterthanen eines der contrahirenden deutschen Staaten ist, es unterlässt, seine Schuld zu bezahlen, oder in betrügerischer Absicht sich entfernt, so soll die chinesische Behörde, auf Anrufen des Gläubigers, jedes ihr zu Gebote stehende Mittel anwenden, um den Flüchtigen zu verhaften und den Schuldner zur Bezahlung seiner Schuld zu zwingen.

Ebenso sollen die deutschen Behörden ihr Möglichstes thun, um deutsche Unterthanen, welche ihre Schulden an chinesische Unterthanen nicht bezahlen, dazu zu zwingen, und wenn sie in betrügerischer Absicht sich entfernt haben, vor Gericht zu ziehen. In keinem Falle aber sollen weder die chinesische Regierung, noch die Regierungen der deutschen contrahirenden Staaten für die Schulden ihrer Unterthanen aufzukommen verpflichtet sein.

Artikel 38.

Chinesische Unterthanen, welche sich einer verbrecherischen Handlung gegen einen Unterthanen eines der contrahirenden deutschen Staaten schuldig machen, sollen von den chinesischen Behörden verhaftet und nach chinesischen Gesetzen bestraft werden.

Unterthanen eines der contrahirenden deutschen Staaten, wenn sie sich einer verbrecherischen Handlung gegen einen chinesischen Unterthanen schuldig machen, sollen vom Consularbeamten verhaftet und nach den Gesetzen des Staates, welchem sie angehören, bestraft werden.

Artikel 39.

Alle Fragen in Bezug auf Rechte des Vermögens oder der Person, welche sich zwischen Unterthanen der contrahirenden deutschen Staaten erheben, sollen der Jurisdiction der Behörden dieser Staaten unterworfen sein. Desgleichen werden sich die chinesischen Behörden in keine Streitigkeiten mischen, welche zwischen Unterthanen eines der contrahirenden deutschen Staaten und Fremden etwa entstehen sollten.

Artikel 40.

Die contrahirenden Theile kommen überein, dass den deutschen Staaten und ihren Unterthanen volle und gleiche Theilnahme an allen Privilegien, Freiheiten und Vortheilen zustehen soll, welche von Seiner Majestät dem Kaiser von China der Regierung oder den Unterthanen irgend einer anderen Nation gewährt sind, oder noch gewährt werden mögen. Namentlich sollen alle Veränderungen im Tarif oder in den Bestimmungen über Zölle, Tonnen- und Hafengelder, Einfuhr, Ausfuhr und Transit, welche zu Gunsten irgend einer anderen Nation getroffen werden, sobald sie in Ausführung kommen, unmittelbar und ohne besonderen Vertrag auch auf den Handel aus und nach den contrahirenden deutschen Staaten und auf die ihnen zugehörigen Kaufleute, Rheder und Schiffer anwendbar sein.[ix]

Artikel 41.

Wenn die contrahirenden deutschen Staaten künftig die Abänderung einiger Bestimmungen des Vertrages für zweckmässig erachten sollten, so soll es ihnen freistehen, nach Ablauf von zehn (10) Jahren, vom Tage der Auswechslung der Ratifications-

---

[ix] Dieser Artikel, die sogenannte Meistbegünstigungsklausel, war die wichtigste Bestimmung des Vertrages, weil sie den deutschen Staaten die Gleichstellung mit allen anderen Vertragsmächten auch über den 2. September 1861 hinaus sicherte. Zur Rolle der Meistbegünstigungsklausel in den Handelsverträgen des 19. Jahrhunderts allgemein siehe: Max Vosberg-Rekow: Die Politik der Handelsverträge, Berlin 1898, S. 128-141.

Urkunden an gerechnet, Unterhandlungen zu diesem Behufe zu eröffnen. Sie müssen aber sechs (6) Monate vor Ablauf der zehn (10) Jahre der chinesischen Regierung amtlich anzeigen, dass sie Abänderungen des Vertrages wünschen, und worin dieselben bestehen sollen. Erfolgt eine solche Anzeige nicht, so bleibt der Vertrag weitere zehn (10) Jahre unverändert in Kraft.

Artikel 42.

Der gegenwärtige Vertrag soll ratificiert, und sollen die Ratificationen innerhalb eines Jahres vom Tage der Unterzeichnung desselben in Shang-hae oder in Tien-tsin, je nach Wahl der preussischen Regierung, ausgewechselt werden. Sobald die Auswechselung stattgefunden hat, soll der Vertrag zur Kenntnis aller Oberbehörden Chinas, in der Hauptstadt und in den Provinzen, gebracht werden, damit sie sich danach richten.

Zu Urkund desselben haben die respectiven Bevollmächtigten der Hohen vertragenden Theile den gegenwärtigen Vertrag unterzeichnet und demselben ihre Siegel beigedrückt.

So geschehen in vier Ausfertigungen zu Tien-tsin den Zweiten September im Jahre unseres Herrn Eintausend Achthundert einundsechszig, entsprechend dem chinesischen Datum vom Achtundzwanzigsten Tage des Siebenten Monats des Elften Jahres von Hien-fun.

(L.S.) (gez.) Graf zu Eulenburg.
Tsun-luen.
Tsun-hau.

10. Kiautschou-Vertrag zwischen China und dem Deuschen Reich 1898[x]

(unterzeichnet zu Peking am 6. März 1898)

Nachdem nunmehr die Vorfälle bei der Mission in der Präfektur Ts'auchoufu in Schantung ihre Erledigung gefunden haben, hält es die Kaiserlich Chinesische Regierung für angezeigt, ihre dankbare Anerkennung für die ihr seither von Deutschland bewiesene Freundschaft noch besonders zu betätigen. Es haben daher die Kaiserlich Deutsche und die Kaiserlich Chinesische Regierung, durchdrungen von dem gleichmässigen und gegenseitigen Wunsche, die freundschaftlichen Bande beider Länder zu kräftigen und die wirtschaftlichen und Handelsbeziehungen der Untertanen beider Staaten mit einander weiter zu entwickeln, nachstehende Separat-Convention abgeschlossen:

I. Teil. – Verpachtung von Kiautschou.

Artikel I.

Seine Majestät der Kaiser von China, von der Absicht geleitet, die freundschaftlichen Beziehungen zwischen China und Deutschland zu kräftigen und zugleich die militärische Bereitschaft des Chinesischen Reiches zu stärken, verspricht, indem Er Sich alle Rechte der Souveränität in einer Zone von 50 Kilometern (100 chinesischen Li) im Umkreise von der Kiautschou-Bucht bei Hochwasserstand vorbehält, in dieser Zone den freien Durchmarsch Deutscher Truppen zu jeder Zeit zu gestatten, sowie daselbst keinerlei Massnahmen oder Anordnungen ohne vorhergehende Zustimmung der Deutschen Regierung zu treffen und insbesondere einer etwa erforderlich werdenden Regulierung der

---

[x] Vertragstext nach Friedrich Wilhelm Mohr (Hrsg.): Handbuch für das Schutzgebiet Kiautschou, Tsingtau 1911, S. 1-6.

Wasserläufe kein Hindernis entgegenzusetzen. Seine Majestät der Kaiser von China behält sich hierbei vor, in jener Zone im Einvernehmen mit der Deutschen Regierung Truppen zu stationieren sowie andere militärische Massregeln zu treffen.

Artikel II.

In der Absicht, den berechtigten Wunsch Seiner Majestät des Deutschen Kaisers zu erfüllen, dass Deutschland gleich anderen Mächten einen Platz an der Chinesischen Küste inne haben möge für die Ausbesserung und Ausrüstung von Schiffen, für die Niederlegung von Materialien und Vorräthen für dieselben, sowie für sonstige dazu gehörende Einrichtungen, überlässt seine Majestät der Kaiser von China beide Seiten des Eingangs der Bucht von Kiautschou pachtweise, vorläufig auf 99 Jahre, an Deutschland. Deutschland übernimmt es, in gelegener Zeit auf dem ihm überlassenen Gebiete Befestigungen zum Schutze der gedachten baulichen Anlagen und der Einfahrt des Hafens zur Ausführung zu bringen.

Artikel III.

Um einem etwaigen Entstehen von Konflikten vorzubeugen, wird die Kaiserlich Chinesische Regierung während der Pachtdauer im verpachteten Gebiete Hoheitsrechte nicht ausüben, sondern überlässt die Ausübung derselben an Deutschland, und zwar für folgendes Gebiet:

    1. An der nördlichen Seite des Einganges der Bucht: Die Landzunge abgegrenzt nach Nordosten durch eine von der nordöstlichen Ecke von Potato-Island nach Loshan-Harbour[xi] gezogene Linie,

    2. an der südlichen Seite des Eingangs zur Bucht: Die Landzunge abgegrenzt durch eine von dem südwestlichsten Punkte der südwestlich von Chiposan

---

[xi] Die Namen lauten jetzt: Insel Yintan und Lauschan-Hafen. (Anm. von Mohr.)

Island[xii] befindlichen Einbuchtung in der Richtung auf Tolosan Island gezogene Linie,
3. Insel Chiposan und Potato Island[xiii],
4. die gesamte Wasserfläche der Bucht bis zum höchsten derzeitigen Wasserstande,
5. sämtliche der Kiautschou-Bucht vorgelagerten und für deren Verteidigung von Seeseite in Betracht kommenden Inseln, namentlich Tolosan, Tschalientau, etc.

Eine genauere Festsetzung der Grenze des an Deutschland verpachteten Gebiets sowie der 50 Kilometerzone um die Bucht herum behalten sich die hohen Kontrahenten vor, durch beiderseitig zu ernennende Kommissare nach Massgabe der örtlichen Verhältnisse vorzunehmen.

Chinesischen Kriegs- und Handelsschiffen sollen in der Kiautschou-Bucht dieselben Vergünstigungen zu Teil werden wie den Schiffen anderer mit Deutschland befreundeter Nationen, und es soll das Ein- und Auslaufen chinesischer Schiffe in der Bucht keinen anderen Einschränkungen unterworfen werden, als die Kaiserlich Deutsche Regierung kraft der an Deutschland auch für die gesamte Wasserfläche der Bucht übertragenen Hoheitsrechte, in Bezug auf die Schiffe anderer Nationen zu irgend einer Zeit festzusetzen für geboten erachten wird.

Artikel IV.

Deutschland verpflichtet sich, auf den Inseln und Untiefen vor Eingang der Bucht die erforderlichen Seezeichen zu errichten.

Von chinesischen Kriegs- und Handelsschiffen sollen in der Kiautschou-Bucht keine Abgaben erhoben werden, ausgenommen solche, denen auch andere Schiffe zum Zwecke der Unterhaltung der nötigen Hafen- und Quaianlagen unterworfen werden.

[xii] Jetzt: Insel Huangtau und Tolosan (Schui ling schan). (Anm. von Mohr.)
[xiii] Inseln Huangtau und Yintau. (Anm. von Mohr.)

Artikel V.

Sollte Deutschland später einmal den Wunsch äussern, die Kiautschou-Bucht vor Ablauf der Pachtzeit an China zurückzugeben, so verpflichtet sich China, die Aufwendungen, die Deutschland in Kiautschou gemacht hat, zu ersetzen und einen besser geeigneten Platz an Deutschland zu gewähren.

Deutschland verpflichtet sich, das von China gepachtete Gebiet niemals an eine andere Macht weiter zu verpachten.

Der im Pachtgebiet wohnenden chinesischen Bevölkerung soll, vorausgesetzt, dass sie sich den Gesetzen und der Ordnung entsprechend verhält, jederzeit der Schutz der Deutschen Regierung zu Teil werden; sie kann, soweit nicht ihr Land für andere Zwecke in Anspruch genommen wird, dort verbleiben.

Wenn Grundstücke chinesischer Besitzer zu irgend welchen Zwecken in Anspruch genommen werden, so sollen die Besitzer dafür entschädigt werden.

Was die Wiedereinrichtung von chinesischen Zollstationen betrifft, die ausserhalb des an Deutschland verpachteten Gebiets, aber innerhalb der vereinbarten Zone von 50 Kilometern, früher bestanden haben, so beabsichtigt die Deutsche Regierung sich über die allendliche Regelung der Zollgrenze und der Zollvereinnahmung in einer alle Interessen China's wahrenden Weise mit der Chinesischen Regierung zu verständigen und behält sich vor, hierüber in weitere Verhandlungen einzutreten.

II. Teil. – Eisenbahn- und Bergwerks-Konzessionen

Artikel I

Die Kaiserlich Chinesische Regierung gewährt Deutschland die Konzession für folgende Bahnlinien in der Provinz Schantung:
1. Von Kiautschou über Weihsien, Chingchou, Poshan, Tzechuan und Tsouping nach Tsinanfu und von dort in der Richtung nach der Grenze von Schantung,
2. Von Kiautschou nach Ichoufu und von dort weiter durch Laiwuhsien nach Tsinanfu.

Was den Bau der Strecke von Tsinanfu nach der Grenze von Schantung betrifft, so soll derselbe erst nach Fertigstellung der Bahn bis Tsinanfu in Angriff genommen werden, um den Anschluss derselben an die von China selber zu bauende Bahnlinie in Erwägung zu ziehen; der über die Einzelbestimmungen für das ganze Unternehmen noch zu vereinbarende besondere Vertrag soll auch die Route für diese letztere Strecke bestimmen.

Artikel II.

Für den Bau der genannten Bahnlinien sollen eine oder mehrere deutsch-chinesische Eisenbahngesellschaften gebildet werden. Deutsche und chinesische Kaufleute können das Aktienkapital hierfür aufbringen, und von beiden Seiten wird man zuverlässige Beamte ernennen, die das Unternehmen überwachen.

Artikel III.

Zur Regelung der Einzelheiten wird von beiden hohen Kontrahenten demnächst noch ein besonderer Vertrag aufgesetzt werden. China und Deutschland werden hierbei die Angelegenheit für sich regeln, jedoch verpflichtet sich die Chinesische Regierung hierbei, der (den) zu bildenden deutsch-chinesischen Eisenbahngesellschaft(en) günstige Bedingungen für den Bau und den Betrieb der bezeichneten Bahnen derart zu gewähren, dass dieselbe(n) in allen wirtschaftlichen Fragen nicht schlechter gestellt sein wird (werden) als andere chinesisch-europäische Gesellschaften anderswo im Chinesischen Reiche. Diese Bestimmung bezieht sich nur auf wirtschaftliche Dinge und hat keinerlei andere Bedeutung. Irgend ein Gebietsteil der Provinz Schantung darf bei dem Bau der Bahnlinie nicht annektiert oder okkupiert werden.

Artikel IV.

An den genannten Bahnlinien entlang, in einem Abstand von 30 Li von den Linien, wie besonders in Poshan und Weihsien an der Linie Kiautschou-Tsinanfu, sowie in Ichoufu und in Laiwuhsien an der Linie Kiautschou-Ichoufu-Tsinanfu, wird deutschen Unternehmern die Ausbeutung von Kohlenlagern und sonstige Unternehmungen sowie die Ausführung der notwendigen öffentlichen Arbeiten gestattet. Dabei können deutsche und chinesische Kaufleute gemeinsam Kapitalien in den Unternehmungen anlegen. Ebenso wie für die Eisenbahnkonzessionen werden auch die auf dem Betrieb von Bergwerken bezüglichen Bestimmungen noch besonders vereinbart werden. Die Chinesische Regierung verspricht hierbei, den deutschen Kaufleuten und Ingenieuren in Uebereinstimmung mit der in Bezug auf Eisenbahnen übernommenen Verpflichtung günstige Bedingungen derart zu gewähren, dass die deutschen Unternehmer nicht schlechter gestellt sein werden, als andere chinesisch-europäische Gesellschaften anderswo im Chinesischen Reiche. Auch diese Bestimmung bezieht sich nur auf wirtschaftliche Dinge und hat keinerlei andere Bedeutung.

III. Teil. – Prioritätsrechte in der Provinz Schantung

Die Kaiserlich Chinesische Regierung verpflichtet sich in allen Fällen, wo zu irgendwelchen Zwecken innerhalb der Provinz Schantung fremdländische Hülfe an Personen, an Kapital oder Material in Anspruch genommen werden soll, die betreffenden Arbeiten und Materiallieferungen zunächst deutschen Industriellen und Handeltreibenden, welche sich mit dergleichen Sachen befassen, anzubieten.

Falls die deutschen Industriellen und Handeltreibenden nicht geneigt sind, die Ausführung solcher Arbeiten oder die Lieferung von Materialien zu übernehmen, so soll China nach Belieben anders verfahren können.

Die vorstehenden Abmachungen sollen von den Souveränen beider vertragschliessenden Staaten ratifiziert werden, dass nach Eingang der chinesischerseits ratifizierten Vertrags-Urkunde in Berlin die deutscherseits ratifizierte Urkunde dem Chinesischen Gesandten ausgehändigt werden wird.

Der vorstehende Vertrag ist in vier Ausfertigungen – zwei deutschen und zwei chinesischen – aufgesetzt und am sechsten März eintausendachthundertachtundneunzig gleich dem vierzehnten Tage des zweiten Mondes im vierundzwanzigsten Jahre Kuang-hsü von den Vertretern der beiden vertragschliessenden Staaten unterzeichnet worden.

Der Kaiserlich Deutsche Gesandte

(gez.) Freiherr von Heyking.

Kaiserlich Chinesischer Gross-Sekretär
Minister des Tsungli Yamen
etc. etc. etc.

(gez.) Li hung chang.

Kaiserlich Chinesischer Gross-Sekretär
Mitglied des Staatsrates
Minister des Tsungli Yamen
etc. etc. etc.

(gez.) Weng tung-ho.

11. Transkriptionstabelle der wichtigsten chinesischen Orts- und Personennamen

Umschrift/Name im Text	*Pinyin-Umschrift*
Amoy	Xiamen
Chang Chih-tung	Zhang Zhidong
Ch'un	Chun
Dalny	Dalian
Fangtse	Fangzi
Formosa	Taiwan
Hankow	Hankou
Hien-fun	Xianfeng
Hongkong	Xianggang
Kanton	Guangzhou
Kaomi	Gaomi
Kiautschou	Jiaozhou
Kowloon	Jiulong
Kuang-hsü	Guangxu
Liaotung	Liaodong
Li Hung-chang	Li Hongzhang
Macao	Aomen
Nanking	Nanjing
Peking	Beijing
Port Arthur	Lüshunkou
Poshan	Boshan

P'ukow	Pukou
Shanghai	Shanghai
Shantung	Shandong
Sinkiang	Xinjiang
Sun Yat-sen	Sun Yixian
Taputou	Tabutou
Tientsin	Tianjin
Tsinanfu	Jinan
Tsingtau	Qingdao
Tz'u-hsi	Cixi
Weihsien	Weixian
Yangtse	Yangzijiang
Yüan Shih-k'ai	Yuan Shikai

12. Abkürzungsverzeichnis

& Co.	and Company
Anm.	Anmerkung
Bd.	Band
Bde.	Bände
chin.	chinesisch
DGBIA	Deutsche Gesellschaft für Bergbau und Industrie im Auslande
Diss.	Dissertation
dt.	deutsch
ebd.	ebenda
gez.	gezeichnet
HAPAG	Hamburg-Amerikanische-Packetfahrt-Actien-Gesellschaft
Hrsg.	Herausgeber/herausgegeben
jap.	japanisch
Jg.	Jahrgang
Mill.	Million
Nr.	Nummer
o.J.	ohne Jahr
o.O.	ohne Ort
preuß.	preußisch
RM	Reichsmark
sächs.	sächsisch
SBG	Schantung-Bergbau-Gesellschaft
SEG	Schantung-Eisenbahn-Gesellschaft
S.K.H.	Seine Königliche Hoheit
z.S.	zur See

13. Quellen- und Literaturverzeichnis

13.1 Amtliche Aktenpublikationen und sonstige veröffentlichte Dokumente

Behnen, Michael (Hrsg.): Quellen zur deutschen Außenpolitik im Zeitalter des Imperialismus 1890-1911, Darmstadt 1977.

Berg, Albert (Hrsg.): Die preussische Expedition nach Ost-Asien. Nach amtlichen Quellen, 4 Bde., Berlin 1864-1873.

Berghahn, Volker R., Wilhelm Deist (Hrsg.): Rüstung im Zeichen der wilhelminischen Weltpolitik. Grundlegende Dokumente 1890-1914, Düsseldorf 1988.

Berichte über Chinesische Handels-Verhältnisse, hrsg. v. Königlich Dänischen Ministerium, Hamburg 1865.

Der Friedensvertrag zwischen Deutschland und den Alliierten und Assoziierten Mächten nebst dem Schlussprotokoll und der Vereinbarung betreffend die militärische Besetzung der Rheinlande, hrsg. v. Auswärtigen Amt, Charlottenburg 1919.

Die Große Politik der Europäischen Kabinette 1871-1914. Sammlung der Diplomatischen Akten des Auswärtigen Amtes, 40 Bde., hrsg für das Auswärtige Amt von Johannes Lepsius, Albrecht Mendelssohn-Bartholdy u. Friedrich Thimme, Berlin 1922-1927.

Gründer, Horst (Hrsg.): »… da und dort ein junges Deutschland gründen«. Rassismus, Kolonien und kolonialer Gedanke vom 16. bis zum 20. Jahrhundert, München 1999.

Leutner, Mechthild (Hrsg.): „Musterkolonie Kiautschou": Die Expansion des Deutschen Reiches in China. Deutsch-chinesische Beziehungen 1897 bis 1914. Eine Quellensammlung, Berlin 1997.

Massow, Wilhelm von (Hrsg.): Fürst Bülows Reden, 5 Bde., Leipzig o.J. [1916].

Matthes, Axel (Hrsg.): Reden Kaiser Wilhelms II., München 1976.

Mohr, Friedrich Wilhelm (Hrsg.): Handbuch für das Schutzgebiet Kiautschou, Tsingtau 1911.

Statistisches Jahrbuch für das Deutsche Reich, Jg. 1-39, hrsg. v. Kaiserlich Statistischen Amt, Berlin 1880-1918.

Tirpitz, Alfred von: Politische Dokumente, 2 Bde., Berlin u.a. 1924-1926.

13.2 Memoiren, Tagebücher, Briefe und Reiseberichte

Brandt, Max von: Dreiunddreissig Jahre in Ost-Asien. Erinnerungen eines deutschen Diplomaten, 3 Bde., Leipzig 1901.

Bülow, Bernhard Fürst von: Denkwürdigkeiten, 4 Bde., Berlin 1930-1931.

Franke, Otto: Erinnerungen aus zwei Welten. Randglossen zur eigenen Lebensgeschichte, Berlin 1954.

Goetz, Walter (Hrsg.): Briefe Wilhelms II. an den Zaren 1894-1914, Berlin o.J. [1920].

Heyking, Elisabeth von: Tagebücher aus vier Weltteilen. 1886/1904, Leipzig 1926.

Hopmann, Albert: Das Logbuch eines deutschen Seeoffiziers, Berlin 1924.

Li Hung Tschang: Memoiren des Vizekönigs Li Hung Tschang, Berlin 1915.

Die Schantung-Bahn und das von ihr erschlossene Gebiet. Eine Reisebeschreibung, Tsingtau 1912.

Secker, Fritz: Zwischen Yangtse und Peiho. Reiseeindrücke und wirtschaftliche Studien, Tsingtau o.J. [1913].

Spieß, Gustav: Die preußische Expedition nach Ostasien während der Jahre 1860-1862. Reise-Skizzen aus Japan, China, Siam und der indischen Inselwelt, Berlin u. Leipzig 1864.

Tirpitz, Alfred von: Erinnerungen, Leipzig 1919.

Werner, Reinhold: Die preußische Expedition nach China, Japan und Siam in den Jahren 1860, 1861 und 1862, 2 Bde., Leipzig 1863.

Wilhelm II.: Ereignisse und Gestalten aus den Jahren 1878-1918, Leipzig u. Berlin 1922.

Witte, Sergej Juljewitsch Graf: Erinnerungen, Berlin 1923.

13.3 Darstellungen

Abs, Josef Maria: Der Kampf um unsere Schutzgebiete. Unsere Kolonien einst und jetzt, Düsseldorf o.J. [1927].

Artelt, Jork: Tsingtau. Deutsche Stadt und Festung in China 1897-1914, Düsseldorf 1984.

Baer, Casimir H. (Hrsg.): Der Völkerkrieg. Eine Chronik der Ereignisse seit dem 1. Juli 1914. Mit sämtlichen amtlichen Kundgebungen der Mittelmächte, ergänzt durch alle wichtigeren Meldungen der Ententetaaten und die wertvollsten zeitgenössischen Berichte, 28 Bde., Stuttgart 1914-1923.

Bartsch, Karin: Hamburgs Handelsbeziehungen mit China und Britisch-Ostindien (1842-1867), (Diss.) Hamburg 1956.

Bauer, Wolfgang: Tsingtau 1914 bis 1931. Japanische Herrschaft, wirtschaftliche Entwicklung und die Rückkehr der deutschen Kaufleute, München 2000.

Beasley, William G.: Japanese Imperialism 1894-1945, Oxford 1987.

Beckmann, Walther: Unsere Kolonien und Schutztruppen. Das Ehrenbuch der Überseekämpfer, Berlin 1933.

Behme, Friedrich, Michael Krieger: Führer durch Tsingtau und Umgebung, Wolfenbüttel 1904.

Berensmann, Wilhelm: Wirtschaftsgeographie Schantungs unter besonderer Berücksichtigung des Kiautschougebiets, in: Zeitschrift für Kolonialpolitik, Kolonialrecht und Kolonialwirtschaft, Jg. 6 (1904), Nr. 8, S. 570-667.

Berghahn, Volker R.: Der Tirpitz-Plan. Genesis und Verfall einer innenpolitischen Krisenstrategie unter Wilhelm II., Düsseldorf 1971.

Betz, Heinrich: Die wirtschaftliche Entwicklung der Provinz Schantung seit der Eröffnung Tsingtaus (1898-1910), Tsingtau 1911.

Biener, Annette S.: Das deutsche Pachtgebiet Tsingtau in Schantung, 1897-1914. Institutioneller Wandel durch Kolonialisierung, Bonn 2001.

Bökemann: Der Hafen von Tsingtau, in: Koloniale Monatsblätter. Zeitschrift für Kolonialpolitik, Kolonialrecht und Kolonialwirtschaft, Jg. 16 (1914), Nr. 8, S. 361-385.

Bökemann: Über Wirtschaft und Verkehr in der Provinz Schantung, in: Koloniale Monatsblätter. Zeitschrift für Kolonialpolitik, Kolonialrecht und Kolonialwirtschaft, Jg. 15 (1913), Nr. 2, S. 87-98 und Nr. 3, S. 126-144.

Bornhak, Conrad: Die Kriegsschuld. Deutschlands Weltpolitik 1890-1914, Berlin 1929.

Brandt, Max von: Die Zukunft Ostasiens. Ein Beitrag zur Geschichte und zum Verständnis der ostasiatischen Frage, 3., umgearbeitete und vermehrte Auflage, Stuttgart 1903.

111

Brötel, Dieter: Frankreich im Fernen Osten. Imperialistische Expansion und Aspiration in Siam und Malaya, Laos und China, 1880-1904, Stuttgart 1996.

Burdick, Charles, Ursula Moessner: The German Prisoners of War in Japan, 1914-1920, Lanham 1984.

Butz, Herbert: Kniefall und Geschenke: Die Sühnemission des Prinzen Chun in Deutschland, in: Tsingtau. Ein Kapitel deutscher Kolonialgeschichte in China 1897-1914, hrsg. v. Hans-Martin Hinz u. Christoph Lind, Berlin 1998, S. 173-180.

Canis, Konrad: Von Bismarck zur Weltpolitik. Deutsche Außenpolitik 1890 bis 1902, Berlin 1997.

Chow Tse-tung: The May Fourth Movement. Intellectual Revolution in Modern China, 8. Auflage, Cambridge u. London o.J. [1980].

Corbach, Otto: Deutsche Zeitungen und deutsche Interessen in Ostasien, in: Koloniale Zeitschrift, Jg. 6 (1905), Nr. 21, S. 369ff., Nr. 23, S. 409ff. u. Nr. 25, S. 444f.

Deeg, Lothar: Kunst & Albers Wladiwostok. Die Geschichte eines deutschen Handelshauses im russischen Fernen Osten (1864-1924), Essen 1996.

Dick, Carl: Das Kreuzergeschwader. Sein Werden, Sieg und Untergang, Berlin 1917.

Duppler, Jörg: Der Juniorpartner. England und die Entwicklung der Deutschen Marine 1848-1890, Herford 1985.

Eberspächer, Cord: Die deutsche Yangtse-Patrouille. Deutsche Kanonenbootpolitik in China im Zeitalter des Imperialismus 1900-1914, Bochum 2004.

Eberstein, Bernd: Hamburg – China. Geschichte einer Partnerschaft, Hamburg 1988.

Eberstein, Bernd: Kaufleute, Konsuln, Kapitäne: Frühe deutsche Wirtschaftsinteressen in China, in: Tsingtau. Ein Kapitel deutscher Kolonialgeschichte in China 1897-1914, hrsg. v. Hans-Martin Hinz u. Christoph Lind, Berlin 1998, S. 49-60.

Ehrling, Johnny: Prost Tsingtao!, in: Die Welt, Jg. 58 (2003), Nr. 190, S. 16.

Elleman, Bruce A.: Modern Chinese Warfare, 1795-1989, London u. New York 2001.

Eschenburg, Harald: Prinz Heinrich von Preußen. Der Großadmiral im Schatten des Kaisers, Heide 1989.

Fabritzek, Uwe G.: Gelber Drache – Schwarzer Adler, München 1973.

Fairbank, John K., Denis Twitchett (Hrsg.): The Cambridge History of China, Bd. 10 u. 11: Late Ch'ing, 1800-1911, Cambridge 1978-1980.

Falkenberg, Rainer: Der Kohlenbergbau in Boshan-xian, Shandong, im ersten Drittel des 20. Jahrhunderts, Bonn 1984.

Fischer, Doris: China in der Weltwirtschaft, in: Informationen zur politischen Bildung, Heft 289: Volksrepublik China, Bonn 2006, S. 15-21.

Franke, Otto: Die Großmächte in Ostasien von 1894 bis 1914. Ein Beitrag zur Vorgeschichte des Krieges, Braunschweig u. Hamburg 1923.

Franzius, Georg: Kiautschou. Deutschlands Erwerbung in Ostasien, 2. Auflage, Berlin o.J. [1898].

Fröhlich, Michael: Imperialismus. Deutsche Kolonial- und Weltpolitik 1880-1914, München 1994.

Ganz, Albert H.: The German Navy in the Far East and Pacific: The Seizure of Kiautschou and After, in: Germany in the Pacific and Far East, 1870-1914, hrsg. v. John A. Moses u. Paul M. Kennedy, St. Lucia 1977, S. 115-136.

Ganz, Albert H.: The Role of the Imperial German Navy in Colonial Affairs, (Diss.) Ann Arbor 1981.

Geyer, Dietrich: Der russische Imperialismus. Studien über den Zusammenhang von innerer und auswärtiger Politik 1860-1914, Göttingen 1977.

Glade, Dieter: Bremen und der Ferne Osten, Bremen 1966.

Gollwitzer, Heinz: Die gelbe Gefahr. Geschichte eines Schlagworts. Studien zum imperialistischen Denken, Göttingen 1962.

Gottberg, Otto von: Die Helden von Tsingtau, Berlin u. Wien 1915.

Gottschall, Terrell D.: By Order of the Kaiser. Otto von Diederichs and the Rise of the Imperial German Navy, 1865-1902, Annapolis 2003.

Graichen, Gisela, Horst Gründer: Deutsche Kolonien. Traum und Trauma, Berlin 2005.

Gregory, John S.: Great Britain and the Taipings, London 1969.

Gründer, Horst: Christliche Mission und deutscher Imperialismus. Eine politische Geschichte ihrer Beziehungen während der deutschen Kolonialzeit (1884-1914) unter besonderer Berücksichtigung Afrikas und Chinas, Paderborn 1982.

Gründer, Horst: Geschichte der deutschen Kolonien, 5., verbesserte und ergänzte Auflage, Paderborn u.a. 2004.

Haupt, Werner: Die deutsche Schutztruppe 1889/1918. Auftrag und Geschichte, Utting o.J. [2001].

Hermann: Die Prügelstrafe nach deutschem Kolonialrecht, in: Zeitschrift für Kolonialpolitik, Kolonialrecht und Kolonialwirtschaft, Jg. 10 (1908), Nr. 2, S. 72-83.

Herold, Heiko: Die Anfänge der konsularischen Vertretung Bremens in Shanghai, in: Bremisches Jahrbuch, hrsg. v. Staatsarchiv Bremen, Bd. 83, Bremen 2004, S. 70-86.

Herold, Heiko: Bremens Handel mit Shanghai von den Anfängen bis 1867, in: Bremisches Jahrbuch, hrsg. v. Staatsarchiv Bremen, Bd. 84, Bremen 2005, S. 131-177.

Herzfeld, Hans: Die moderne Welt 1789-1945, 2 Bde., 3. erweiterte Auflage, Braunschweig 1960.

Hiery, Hermann Joseph: Das Deutsche Reich in der Südsee (1900-1921). Eine Annäherung an die Erfahrungen verschiedener Kulturen, Göttingen u. Zürich 1995.

Hiery, Hermann Joseph (Hrsg.): Die deutsche Südsee 1884-1914. Ein Handbuch, 2., durchgesehene und verbesserte Auflage, Paderborn 2001.

Hobson, Rolf: Maritimer Imperialismus. Seemachtideologie, seestrategisches Denken und der Tirpitzplan 1875 bis 1914, München 2004.

Hövermann, Otto: Kiautschou. Verwaltung und Gerichtsbarkeit, Tübingen 1914.

Hsü, Immanuel C.Y.: The Ili-Crisis. A Study of Sino-Russian Diplomacy 1871-1881, Oxford 1965.

Huang Fu-teh: Chinesen unter deutscher Herrschaft: Arbeiter (Kulis) und Dienstboten, in: Alltagsleben und Kulturaustausch: Deutsche und Chinesen in Tsingtau 1897-1914, hrsg. v. Hermann J. Hiery u. Hans-Martin Hinz, Berlin u. Wolfratshausen 1999, S. 139-150.

Huang Fu-teh: Qingdao: Chinesen unter deutscher Herrschaft 1897-1914, Bochum 1999.

Huang Yi: Der deutsche Einfluß auf die Entwicklung des chinesischen Bildungswesens von 1871 bis 1918. Studien zu den kulturellen Aspekten der deutsch-chinesischen Beziehungen in der Ära des Deutschen Kaiserreiches, Frankfurt am Main 1995.

Hubatsch, Walther: Die Ära Tirpitz. Studien zur deutschen Marinepolitik 1890-1918, Göttingen u.a. 1955.

Huguenin, C.: Geschichte des III. See-Bataillons, Tsingtau 1912.

Jung, Sang Su: Deutschland und das Gelbe Meer. Die deutsche Weltpolitik in Ostasien 1897-1902, Frankfurt am Main 1996.

Die Kaiserliche Marine während der Wirren in China 1900-1901, hrsg. v. Admiralstab der Marine, Berlin 1903.

Karaschewski, Jörg M.: Flaggen in den deutschen Schutzgebieten, Achim 2005.

Kaske, Elisabeth: Bismarcks Missionäre. Deutsche Militärinstrukteure in China 1884-1890, Wiesbaden 2002.

Kaulisch, Baldur: Alfred von Tirpitz und die imperialistische deutsche Flottenrüstung. Eine politische Biographie, Berlin (Ost) 1982.

Kennedy, Paul M.: Maritime Strategieprobleme der deutsch-englischen Flottenrivalität, in: Marine und Marinepolitik im kaiserlichen Deutschland 1871-1914, hrsg. v. Herbert Schottelius und Wilhelm Deist, Düsseldorf 1972, S. 178-210.

Kim Chun-Shik: Deutscher Kulturimperialismus in China. Deutsches Kolonialschulwesen in Kiautschou (China) 1898-1914, Stuttgart 2004.

King, Frank H.H.: A Concise Economic History of Modern China, Bombay 1968.

Klein, Thoralf, Stefan Knirsch: Die deutschen Schulen für Chinesen im Pachtgebiet Qingdao, in: Alltagsleben und Kulturaustausch: Deutsche und Chinesen in Tsingtau 1897-1914, hrsg. v. Hermann Joseph Hiery u. Hans-Martin Hinz, Berlin u. Wolfratshausen 1999, S. 161-181.

Kleist, Herbert von: Die Kämpfe des III. Seebataillons während der Wirren 1900/01, Tsingtau o.J.

Köbner, Otto: Einführung in die Kolonialpolitik, Jena 1908.

Korff, Adalbert: Der direkte deutsch-chinesische Schiffahrtsverkehr von seiner Entstehung bis zum Ausbruch des Weltkrieges, (Diss.) Kiel 1922.

Krahmer, Gustav: Russland in Ost-Asien (Mit besonderer Berücksichtigung der Mandschurei), Leipzig 1899.

Krebs, Gerhard: Der Chor der Gefangenen: Die Verteidiger von Tsingtau in japanischen Lagern, in: Tsingtau. Ein Kapitel deutscher Kolonialgeschichte in China 1897-1914, hrsg. v. Hans-Martin Hinz u. Christoph Lind, Berlin 1998, S. 196-202.

Krebs, Gerhard: Die etwas andere Kriegsgefangenschaft. Die Kämpfer von Tsingtau in japanischen Lagern 1914-1920, in: In der Hand des Feindes. Kriegsgefangenschaft von der Antike bis zum Zweiten Weltkrieg, hrsg. v. Rüdiger Overmanns, Köln u.a. 1999, S. 322-337.

Kreissler, Françoise: L'action culturelle allemande en Chine. De la fin du XIXe siècle à la Seconde Guerre mondiale, Paris 1989.

Ku Hung-Ming: Chinas Verteidigung gegen europäische Ideen. Kritische Aufsätze, Jena 1911.

Kunzel, Michael: Deutsche Dollars für Tsingtau, in: Tsingtau. Ein Kapitel deutscher Kolonialgeschichte in China 1897-1914, hrsg. v. Hans-Martin Hinz u. Christoph Lind, Berlin 1998, S. 137-142.

Kürchhoff, D.: Die Schiffahrt in und nach Ostasien, in: Zeitschrift für Kolonialpolitik, Kolonialrecht und Kolonialwirtschaft, Jg. 6 (1904), Nr. 6, S. 453-471.

Lahme, Rainer: Deutsche Außenpolitik 1890-1894. Von der Gleichgewichtspolitik Bismarcks zur Allianzstrategie Caprivis, Göttingen 1990.

Lee Kuo-chi: Die chinesische Politik zum Einspruch von Shimonoseki und gegen die Erwerbung der Kiautschou-Bucht. Studien zu den chinesisch-deutschen Beziehungen von 1895 bis 1898, Münster 1966.

Leroy-Beaulieu, Pierre: Die chinesische Frage, Leipzig 1900.

Leupold, Bernd: Chinesen in deutscher Uniform: Der Alltag der chinesischen Soldaten in der deutschen Interessenzone, in: Alltagsleben und Kulturaustausch: Deutsche und Chinesen in Tsingtau 1897-1914, hrsg. v. Hermann Joseph Hiery u. Hans-Martin Hinz, Berlin u. Wolfratshausen 1999, S. 120-138.

Leupold, Bernd: Chinesen unter deutschem Recht: Das Justizwesen im Schutzgebiet, in: Tsingtau. Ein Kapitel deutscher Kolonialgeschichte in China 1897-1914, hrsg. v. Hans-Martin Hinz u. Christoph Lind, Berlin 1998, S. 143-145.

Louven, Erhard: Die frühen Wirtschaftsbeziehungen: Von den preußischen Handelskompanien bis zum Zweiten Weltkrieg, in: Deutschchinesische Beziehungen. Ein Handbuch, hrsg. v. Rüdiger Machetzki, Hamburg 1982, S. 157-176.

Luckscheiter, Roman: Konkurrenz der Kulturen. Chinas Präsenz in deutschen Kulturzeitschriften um 1900, in: Neue Züricher Zeitung, Jg. 226 (2005), Nr. 66, S. 48.

Mackay, Ben Lawrence von: Ostasiatische Politik und ihre Lehren, in: Das Größere Deutschland. Wochenschrift für Deutsche Welt- und Kolonial-Politik, Jg. 2 (1915), Nr. 17, S. 553-563.

Matzat, Wilhelm: Alltagsleben im Schutzgebiet: Zivilisten und Militärs, Chinesen und Deutsche, in: Tsingtau. Ein Kapitel deutscher Kolonialgeschichte in China 1897-1914, hrsg. v. Hans-Martin Hinz u. Christoph Lind, Berlin 1998, S. 106-120.

Matzat, Wilhelm: Die Tsingtauer Landordnung des Chinesenkommissars Schrameier, Bonn 1985.

Matzat, Wilhelm: Der Zusammenhang der Bodenpolitik von Tsingtau und Taiwan, in: Zeitschrift für Sozialökonomie, Jg. 29 (1992), Nr. 94, S. 29-34.

Michael, Franz Henry, Chang Chung-Li: The Taiping Rebellion. History and Documents, 3 Bde., Seattle u.a. 1966-1971.

Mommsen, Wolfgang J.: Großmachtstellung und Weltpolitik. Die Außenpolitik des Deutschen Reiches 1870 bis 1914, Frankfurt am Main u. Berlin 1993.

Mommsen, Wolfgang J.: War der Kaiser an allem Schuld? Wilhelm II. und die preußisch-deutschen Machteliten, Berlin 2005.

Mühlhahn, Klaus: Deutsche Vorposten im Hinterland: Die infrastrukturelle Durchdringung der Provinz Schantung, in: Tsingtau. Ein Kapitel deutscher Kolonialgeschichte in China 1897-1914, hrsg. v. Hans-Martin Hinz u. Christoph Lind, Berlin 1998, S. 146-158.

Mühlhahn, Klaus: Herrschaft und Widerstand in der „Musterkolonie" Kiautschou. Interaktionen zwischen China und Deutschland, 1897-1914, München 2000.

Mühlhahn, Klaus: Qingdao (Tsingtau) – Ein Zentrum deutscher Kultur in China?, in: Tsingtau. Ein Kapitel deutscher Kolonialgeschichte in China 1897-1914, hrsg. v. Hans-Martin Hinz u. Christoph Lind, Berlin 1998, S. 121-132.

Müller-Jabusch, Maximilian: Fünfzig Jahre Deutsch-Asiatische Bank 1890-1939, Berlin 1940.

Nord, Adolf: Die Handelsverträge Chinas, Leipzig 1920.

Ohlmer, Ernst: Tsingtau, sein Handel und sein Zoll-System. Ein Rückblick auf die Entwicklung des Deutschen Schutzgebietes Kiautschou und seines Hinterlandes in dem Jahrzehnt von 1902-1911, o.O. [Tsingtau] 1913.

Osterhammel, Jürgen: China und der Westen im 19. Jahrhundert, in: Länderbericht China. Politik, Wirtschaft und Gesellschaft im chinesischen Kulturraum, hrsg. v. Carsten Herrmann-Pillath u. Michael Lackner, Bonn 2000, S. 102-117.

Osterhammel, Jürgen: Kolonialismus. Geschichte – Formen – Folgen, 3., durchgesehene Auflage, München 2001.

Pauly, Kunibert: Der deutsche Überseeverkehr mit dem Fernen Osten. Seine grundlegende Entwicklung vor dem Kriege, sein Wiederaufbau nach dem Kriege und seine Ausgestaltung in der neuesten Zeit, unter besonderer Berücksichtigung des Verkehrs mit China und Japan, (Diss.) Köln 1938.

Penck, Albrecht: Tsingtau, Berlin 1911.

Petersson, Niels P.: Imperialismus und Modernisierung. Siam, China und die europäischen Mächte 1895-1914, München 2000.

Petter, Wolfgang: Die überseeische Stützpunktpolitik der preußisch-deutschen Kriegsmarine 1859-1883, (Diss.) Freiburg im Breisgau 1975.

Preston, Diana: Rebellion in Peking. Die Geschichte des Boxeraufstands, München 2001.

Purcell, Victor: The Boxer Uprising. A Background Study, Cambridge 1963.

Ratenhof, Udo: Die Chinapolitik des Deutschen Reiches 1871-1945. Wirtschaft – Rüstung – Militär, Boppard am Rhein 1987.

Reinhard, Wolfgang: Kleine Geschichte des Kolonialismus, Stuttgart 1996.

Richthofen, Ferdinand von: China. Ergebnisse eigener Reisen und darauf gegründeter Studien, 5 Bde., Berlin 1877-1912.

Richthofen, Ferdinand von: Kiautschou. Seine Weltstellung und voraussichtliche Bedeutung, Berlin 1897.

Richthofen, Ferdinand von: Schantung und seine Eingangspforte Kiautschou, Berlin 1898.

Röhl, John C.G.: Wilhelm II. Der Aufbau der persönlichen Monarchie 1888-1900, München 2001.

Rohrbach, Paul (Hrsg.): Deutsche Kulturaufgaben in China. Beiträge zur Erkenntnis nationaler Verantwortung, Berlin 1910.

Rohrbach, Paul: Deutschland in China voran!, Berlin 1912.

Romberg, Kurt: Die politische und kulturelle Bedeutung des deutschen Kiautschougebietes. Ein erlebtes Kapitel politischer Theorie, in: Koloniale Monatsblätter. Zeitschrift für Kolonialpolitik, Kolonialrecht und Kolonialwirtschaft, Jg. 16 (1914), Nr. 2, S. 49-70.

Rosenberg, Hans: Große Depression und Bismarckzeit. Wirtschaftsablauf, Gesellschaft und Politik, 2. Auflage, Frankfurt am Main u.a. 1975.

Saaler, Sven: Pan-Asianismus im Japan der Meiji- und der Taishō-Zeit: Wurzeln, Entstehung und Anwendung einer Ideologie, in: Selbstbehauptungsdiskurse in Asien: China – Japan – Korea, hrsg. v. Iwo Amelung u.a., München 2003, S. 127-157.

Salewski, Michael: Die preußische und die Kaiserliche Marine in den ostasiatischen Gewässern: Das militärische Interesse an Ostasien, in: Tsingtau. Ein Kapitel deutscher Kolonialgeschichte in China 1897-1914, hrsg. v. Hans-Martin Hinz u. Christoph Lind, Berlin 1998, S. 76-83.

Salewski, Michael: Tirpitz. Aufstieg – Macht – Scheitern, Göttingen u.a. 1979.

Samson-Himmelstjerna, Hans-Otto von: Die gelbe Gefahr als Moralproblem, Berlin 1902.

Savin, Vladislav: Multipolare Weltordnung und Chinas Vorstellungen. Kooperationsabsichten der chinesischen Welt (insbesondere Chinas) in Bezug auf das Vereinte Europa (insbesondere Deutschland) und Nordeurasien (insbesondere Russland) mit besonderer Berücksichtigung der sozialwirtschaftlichen funktionalen Subsysteme, München 2004.

Schmidt, Vera: Die deutsche Eisenbahnpolitik in Shantung 1898-1914. Ein Beitrag zur Geschichte des deutschen Imperialismus in China, Wiesbaden 1976.

Schmidt-Glintzer, Helwig: Das neue China. Von den Opiumkriegen bis heute, 3., aktualisierte Auflage, München 2004.

Schnee, Heinrich (Hrsg): Deutsches Kolonial-Lexikon, 3 Bde., Leipzig 1920.

Schnee, Heinrich: Die koloniale Schuldlüge, 5. Auflage, München 1928.

Schrameier, Wilhelm: Die Grundlagen der wirtschaftlichen Entwicklung in Kiautschou, Berlin 1903.

Schrameier, Wilhelm: Hafenbetrieb und Hafenverwaltung zu Tsingtau, Tsingtau 1904.

Schrameier, Wilhelm: Kiautschou. Seine Entwicklung und Bedeutung. Ein Rückblick, Berlin 1915.

Schrameier, Wilhelm: Aus Kiautschous Verwaltung. Die Land-, Steuer- und Zollpolitik des Kiautschougebietes, Jena 1914.

Schrecker, John E.: Imperialism and Chinese Nationalism. Germany in Shantung, Cambridge 1971.

Schultze-Bahlke, Georg: Die deutsche Handelsflagge in Ostasien, in: Die Flotte, Jg. 16 (1913), Nr. 9, S. 152-155.

Schultz-Naumann, Joachim: Unter Kaisers Flagge. Deutschlands Schutzgebiete im Pazifik und in China einst und heute, München 1985.

Secker, Fritz: Streiflichter auf die wirtschaftlichen Verhältnisse in Schantung, Tsingtau 1910.

Seelemann, Dirk Alexander: The Social and Economic Development of the Kiaochou Leasehold (Shantung, China) under German Administration 1897-1914, (Diss.) Toronto 1982.

Seitz, Konrad: China. Eine Weltmacht kehrt zurück, München 2006.

Semjonow, Juri: Sibirien. Eroberung und Erschließung der wirtschaftlichen Schatzkammer des Ostens, Berlin 1954.

Shukow, J.M. u.a.: Die internationalen Beziehungen im Fernen Osten (1870-1945), Berlin (Ost) 1955.

Siemssen & Co. 1846-1996, Hamburg 1996.

Song Xueming: Der chinesische Wirtschaftsraum als Faktor in der Weltwirtschaft, in: Länderbericht China. Politik, Wirtschaft und Gesellschaft im chinesischen Kulturraum, hrsg. v. Carsten Herrmann-Pillath u. Michael Lackner, Bonn 2000, S. 302-324.

Speitkamp, Winfried: Deutsche Kolonialgeschichte, Stuttgart 2005.

Spence, Jonathan D.: God's Chinese Son. The Taiping Heavenly Kingdom of Hong Xiuquan, London 1997.

Stichler, Hans-Christian: Das Gouvernement Jiaozhou und die deutsche Kolonialpolitik in Shandong 1897-1909. Ein Beitrag zur Geschichte der deutsch-chinesischen Beziehungen, (Diss.) Berlin (Ost) 1989.

Stingl, Werner: Der Ferne Osten in der deutschen Politik vor dem Ersten Weltkrieg (1902-1914), 2 Bde., Frankfurt am Main 1978.

Stoecker, Helmuth: Deutschland und China im 19. Jahrhundert. Das Eindringen des deutschen Kapitalismus, Berlin (Ost) 1958.

Szippl, Richard Frederick: Max von Brandt and German Imperialism in East Asia in the Late Nineteenth Century, (Diss.) Ann Arbor 1990.

Tilby, A. Wyatt: The English People Overseas, 5 Bde., London 1911-1914.

Vosberg-Rekow, Max: Die Politik der Handelsverträge, Berlin 1898.

Walle, Heinrich: Das deutsche Kreuzergeschwader in Ostasien 1897 bis 1914. Politische Absichten und militärische Wirkung, in: Der Einsatz von Seestreitkräften im Dienst der Auswärtigen Politik, hrsg. v. Deutschen Marine-Institut, Herford 1983, S. 32-60.

Warner, Torsten: Der Aufbau der Kolonialstadt Tsingtau: Landordnung, Stadtplanung und Entwicklung, in: Tsingtau. Ein Kapitel deutscher Kolonialgeschichte in China 1897-1914, hrsg. v. Hans-Martin Hinz u. Christoph Lind, Berlin 1998, S. 84-95.

Wätjen, Hermann: Die deutsche Handelsschiffahrt in chinesischen Gewässern um die Mitte des 19. Jahrhunderts, in: Hansische Geschichtsblätter, 67./68. Jg. (1942/43), S. 222-250.

Wegener, Edward: Die Tirpitzsche Seestrategie, in: Marine und Marinepolitik im kaiserlichen Deutschland 1871-1914, hrsg. v. Herbert Schottelius und Wilhelm Deist, Düsseldorf 1972, S. 236-262.

Wehler, Hans-Ulrich: Bismarck und der Imperialismus, 2. Auflage, Frankfurt am Main 1985.

Wehler, Hans-Ulrich: Deutsche Gesellschaftsgeschichte, 4 Bde., München 1987-2003.

Weicker, Hans: Kiautschou. Das deutsche Schutzgebiet in Ostasien, Berlin 1908.

Werner, Reinhold: Der Entscheidungskampf der europäischen Völker gegen China, Chemnitz 1900.

Wertheimer, Fritz: Deutschland und Ostasien, Berlin u. Stuttgart 1914.

Wertheimer, Fritz: Die japanische Kolonialpolitik, Hamburg 1910.

Winzen, Peter: Bülows Weltmachtkonzept. Untersuchungen zur Frühphase seiner Außenpolitik 1897-1901, Boppard am Rhein 1977.

Wippich, Rolf-Harald: Japan und die deutsche Fernostpolitik 1894-1898. Vom Ausbruch des Chinesisch-Japanischen Krieges bis zur Besetzung der Kiautschou-Bucht. Ein Beitrag zur Wilhelminischen Weltpolitik, Stuttgart 1987.

Wippich, Rolf-Harald: „Strich mit Mütze". Max von Brandt und Japan – Diplomat, Publizist, Propagandist, Tōkyō 1995.

Wright, Richard N.J.: The Chinese Steam Navy 1862-1945, London 2000.

Yü Wen-tang: Die deutsch-chinesischen Beziehungen von 1860-1880, Bochum 1981.

Zepelin, Constantin von: Der Ferne Osten. Seine Geschichte, seine Entwicklung in der neuesten Zeit und seine Lage nach dem russisch-japanischen Kriege, 3 Bde., Berlin 1907-1911.

Zhu Maoduo: Deutsche Truppeneinsätze in Shandong nach dem Abschluss des „Jiaoao-Pachtvertrags", in: Deutschland und China. Beiträge des Zweiten Internationalen Symposiums zur Geschichte der deutsch-chinesischen Beziehungen. Berlin 1991, hrsg v. Kuo Heng-yü u. Mechthild Leutner, München 1994, S. 309-332.

Zhu Maoduo: Deutsche Wirtschaft und Herrschaft in Qingdao 1897-1914, in: Alltagsleben und Kulturaustausch: Deutsche und Chinesen in Tsingtau 1897-1914, hrsg. v. Hermann Joseph Hiery u. Hans-Martin Hinz, Berlin u. Wolfratshausen 1999, S. 274-293.

Zögner, Lothar: Ferdinand von Richthofen – Neue Sicht auf ein altes Land, in: Tsingtau. Ein Kapitel deutscher Kolonialgeschichte in China 1897-1914, hrsg. v. Hans-Martin Hinz u. Christoph Lind, Berlin 1998, S. 72-75.

14. Personen- und Firmenregister

Der Ozeanverlag Herold informiert

Heiko Herold: Aufmarsch in der Adria
Meine Erlebnisse bei der Marine vor und während des Kosovo-Krieges, Köln 2001, ISBN 3-8311-2430-2, Euro 13,60

„Sehr anschaulich geschrieben."
(Schiff & Hafen, Nr. 10/2002)

„Der Leser dringt ein in das Leben an Bord."
(Y. Magazin der Bundeswehr, Nr. 11/2003)

„Diese Publikation hat überdies den Vorzug, dass sie sowohl spannend wie zugleich differenziert geschrieben ist – und dies aus einer Perspektive, die sonst weniger vermittelt wird: die Wahrnehmung eines Einsatzes in einem multinationalen Verband während einer politisch wie militärisch brisanten Situation aus der Sicht von Wehrpflichtigen; ihre Gedanken und Empfindungen darüber, ihre Bewertung von Vorgesetzten, der Bordroutine, aber auch generell der Kameradschaft an Bord." — „Ganz nebenbei ist dieses Buch – und sind die Erfahrungen des Autors – indirekt ein Plädoyer für die Beibehaltung der Wehrpflicht." — „Der hier vorgelegte Erfahrungs- und Erlebnisbericht dürfte nicht nur als persönliche Erinnerung wertvoll sein, sondern auch hinsichtlich ähnlich längerer Einsätze in der Zukunft manche Anregungen für das Alltagsleben an Bord geben."
(Dr. Klaus Wippermann im Marine-Forum, Nr. 11/2003)

*Kurzbeschreibung zu **Aufmarsch in der Adria**:*
Der Autor schildert in seinem spannenden Bericht die wechselvollen Ereignisse an Bord der Fregatte „Rheinland-Pfalz" vor und während des Kosovo-Krieges im Frühjahr 1999, angefüllt mit persönlichen Erlebnissen. Er gewährt tiefe Einblicke in das Alltagsleben an Bord, im Hafen und auf See, und in die bordinternen Strukturen. Sein Bericht gibt außerdem ein gutes Bild über die Rolle der deutschen Marine im Kosovo-Krieg.

Besuchen Sie uns auch im Internet unter:

www.ozeanverlag-herold.de

Dort finden Sie weitere Informationen zu unserem Verlagsprogramm und aktuelle Hinweise zu Rezensionen, Lesungen, etc.

Der Ozeanverlag Herold informiert

Heiko Herold: KFOR
**Mein Einsatz bei der Kosova-Friedenstruppe,
Köln 2003, ISBN 3-8330-1174-2, Euro 9,80**

„24 Stunden, sieben Tage in der Woche über sechs Monate auf engem Raum zusammen zu leben in einem vom Krieg gezeichneten Land, davon berichtet dieses Buch. So kann es für Soldaten, die dort waren oder, die bald gehen werden, aber auch ihren Angehörigen und Bekannten eine hilfreiche Lektüre zur Vor- und Nachbereitung sein."
(Aus dem Vorwort von Militärdekan Matthias Heimer)

„Sein Buch liefert keine militärische Analyse der KFOR-Mission, sondern beschreibt in einzelnen Berichten die Eindrücke seiner sechs Monate im Auslandseinsatz."
(Y. Magazin der Bundeswehr, Nr. 10/2004)

„Oft war er zu Recherchen und Interviews außerhalb [des Feldlagers] unterwegs, und hatte damit die Möglichkeit, Land und Leute kennen zu lernen. Auch diesen Erfahrungsschatz gibt er weiter in seinem Buch."
(Hildegard Stumm in Betreuung aktuell, Nr. 1/2004)

<u>Kurzbeschreibung:</u>
Der Autor war von November 2001 bis April 2002 für das Bataillon „Operative Information" in Prizren/Kosova eingesetzt. Dort arbeitete er als Redakteuroffizier für das Magazin „Dritarja", das von der deutschen KFOR hergestellt und kostenlos an die Bevölkerung im deutschen Sektor Kosovas verteilt wird. Sein Buch zeichnet ein anschauliches Bild der Situation Kosovas, der Lebenssituation der deutschen Soldaten vor Ort und seiner Tätigkeit.

Asienhaus

www.asienhaus.de

Das Asienhaus ist seit seiner Gründung 1995 zu einem Zentrum der Solidarität geworden.

Unter dem Dach des Asienhauses, im ehemaligen Verwaltungsgebäude der Zeche Zollverein in Essen, arbeiten mehrere Vereine und Projekte zusammen, darunter die *Asienstiftung*, die *Burma-Initiative*, die *China AG*, der *Korea-Verband*, das *philippinenbüro* und die *Südostasien-Informationsstelle*.

Das Asienhaus will mit seiner Arbeit hin wirken auf eine solidarische und gerechte Weltwirtschaftsordnung, auf umfassende Demokratisierung und Selbstbestimmung. Es setzt sich ein für die Überwindung der Diskriminierung der Frau. Ziel und Mittel auf diesem Wege sind, den Austausch der Zivilgesellschaften in Europa und Asien über Themen der sozialen Entwicklung, über ihre Visionen einer gerechten Welt zu befördern und zu führen.

Die Einsicht, dass ungerechte Strukturen auch auf Mängel in unserer Gesellschaft verweisen, und diese Mängel deshalb in den Blickwinkel jeder Politik gehören, trägt alle Projekte und Programme des Asienhauses.

Weitere Auskunft über das **Asienhaus, Bullmannaue 11, 45327 Essen**, erteilt Dr. Klaus Fritsche, Telefon 0201-83038–38, Fax 0201-83038–30, Email: K.Fritsche@asienhaus.de

Spenden für das Asienhaus:

Bank für Sozialwirtschaft, BLZ: 370 205 00, Konto der Asienstiftung: 820 41 00. Bitte geben Sie für die Spendenbescheinigung unbedingt Ihren Namen und Ihren Absender an.